# 青春期男孩枕边书

谢志东 / 著

天津出版传媒集团
新蕾出版社

图书在版编目(CIP)数据

青春期男孩枕边书 / 谢志东著 . -- 天津：新蕾出版社, 2024.8（2025.9 重印）. -- ISBN 978-7-5307-7834-0

Ⅰ . G479

中国国家版本馆 CIP 数据核字第 2024V0Z194 号

| | |
|---|---|
| 书　　　名： | 青春期男孩枕边书　QINGCHUNQI NANHAI ZHEN BIAN SHU |
| 出 版 发 行： | 天津出版传媒集团<br>新蕾出版社<br>http://www.newbuds.com.cn |
| 地　　　址： | 天津市和平区西康路 35 号（300051） |
| 出 版 人： | 马玉秀 |
| 电　　　话： | 总编办（022）23332422<br>发行部（022）23332351　23332677 |
| 传　　　真： | （022）23332422 |
| 经　　　销： | 全国新华书店 |
| 印　　　刷： | 三河市骏杰印刷有限公司 |
| 开　　　本： | 710mm×1000mm　1/16 |
| 字　　　数： | 155 千字 |
| 印　　　张： | 11 |
| 版　　　次： | 2024 年 8 月第 1 版　2025 年 9 月第 9 次印刷 |
| 定　　　价： | 49.80 元 |

著作权所有，请勿擅用本书制作各类出版物，违者必究。
如发现印、装质量问题，影响阅读，请与（010）64757855 联系调换。

# 前言

亲爱的儿子，不知从什么时候起，你的嗓音开始发生变化，慢慢变得低沉但很有力，而且还有点磁性。当你接起电话，往往会被误认为是爸爸。这个时候，你是否意识到自己已经长大，进入青春期了呢？

在生命的长河中，每个男孩都会经历一个特殊的时期——青春期。青春期是一个过渡时期，是男孩由少年向男子汉过渡的时期。在这个时期，你的身体和心理都会发生变化，你会逐渐拥有强烈的独立意识、自我意识，开始反抗父母的安排和决定，但同时，你承担着学习的压力和父母的期望，还要面对成长过程中的各种问题。

然而，青春期不只有紧张不安，还有惊喜不断——你似乎突然之间就健壮起来，腿上有了硬硬的肌肉；你逐渐成熟起来，在爸爸不舒服、不方便的时候，像个男子汉一样拍着胸膛说："没关系，有我呢！"你开始变得细腻敏感，不再像小时候那样不洗脸、不刷牙就往外跑，而是越来越关注自己的外貌，越来越重视别人的评价，越来越渴望独立和自由，越来越希望自己是健壮的、干净的、帅气的；你开始好奇于异性的小秘密，希望与异性接触，但看到女孩又会害羞和脸红。

青春期是每个人走向成熟的必经阶段，也是一个不断发现和探索的过程。与很多青少年一样，你会有很多青春困惑，你会对自己的生理、心理、行为等方面的变化产生误解。因此，青春期又是一个复杂的时期。当了解了自己生理、心理、行为等方面的变化和秘密后，你会发现青春期其实是一个美妙的时期。

本书汇集了大部分青春期男孩羞于向父母启齿的私密问题，它既是父母对男孩进行青春期教育的好帮手，又是青春期男孩了解自己、了解男性秘密的好老师。在这些殷殷叮咛里，爸爸对孩子的爱和关怀、指导和帮助就像一股清风，让你释怀，让你清醒，也让你感动。读完这本书，你会发现青春期不再充满难堪和羞涩，不再神秘和令人困惑，而是充满了成长的快乐。

# 目录

## 第1章 身体变化：孩子要长大

我的声音为什么变粗了 / 2
脖子上长了个结，我是男人了 / 6
让人烦恼的胡须 / 9
痘痘"恋"上我的脸 / 12

## 第2章 私密问题：私处的健康"表情"

床单上为什么会湿漉漉 / 16
精子是什么样子的 / 19
全面了解男性生殖器 / 22
保护好你的"小弟弟" / 25
包皮和包茎的小秘密 / 28

## 第3章 异性关系：青春微动作

为啥总爱和女孩一起玩 / 32
暗恋是一朵羞涩未开的花 / 35
早恋就像带刺的玫瑰 / 39
有性幻想就是坏孩子吗 / 43
与女生交往的正确方式 / 46

## 第4章 亲子关系：成长的烦恼有谁知

为什么总想跟父母对着干 / 50
爸爸妈妈，请给我空间 / 53

不用你管，能不能别烦我 / 56
突然好想叛逆一回 / 60
你为什么会有离家出走的想法 / 64

## 第 5 章　人际交往：做个内心充满阳光的男孩

赠人玫瑰，手有余香 / 68
做个懂得拒绝的"好好先生" / 71
"哥们儿义气"要谨慎 / 74
会道歉才能使友谊长久 / 78
结交益友，拒交损友 / 81
青少年，应与孤独"绝缘" / 84

## 第 6 章　文明上网：别让网络伤害你的健康

网恋是"披着羊皮的狼" / 88
网游别玩过火，暴力不要带入生活 / 93
微信"朋友圈"陷阱多 / 97
摆脱手机瘾，不做"低头族" / 101

## 第 7 章　心态调整：学会调整情绪

为什么你总觉得郁闷 / 106
你为什么变得冷漠了 / 109
爱攀比不是好现象 / 113
你为什么总在意别人的看法 / 116
被人误解的滋味不好受 / 120

## 第 8 章　健康安全：平平安安就是福

远离校园暴力，不要好勇斗狠 / 124
认识吸烟危害，杜绝吸烟行为 / 128
别让"黄毒"污染花季的色彩 / 132

路遇尾随莫慌张 / 135

## 第 9 章　自信乐观：做个有担当的男子汉

敢于坐到前排的位置 / 140
有责任心的男孩才能成大器 / 143
独立自主才能走好人生路 / 146
"三分钟热度"要摒弃 / 149
勤奋是人生的要义 / 152

## 第 10 章　好好学习：让梦想插上翅膀

你在为谁学习 / 156
不想上学怎么办 / 160
这个老师的课我不想听 / 163
大考失利让我信心全无 / 165

不知不觉,青春期随着成长悄然而至。

# 第1章
# 身体变化：孩子要长大

身体快速长高、胡须生长、喉结凸出、声音变粗，当你的身体出现这些变化时，意味着你已经踏入了人生中的重要时期——青春期。你要学会接纳自己的变化，不要恐慌，因为这是你成长过程中不可缺少的一环。希望你能正确认识自己，健康、快乐、平稳地度过青春期。

# 我的声音为什么变粗了

青春期小档案

**姓名** 宋稀佑

**爱好** 唱歌、运动

**特点** 胆大、较真

**事情** 声音变粗,导致合唱比赛落选

## ❋ 合唱比赛的烦恼

前几天,宋稀佑报名参加合唱比赛,但是被老师拒绝了。这件事让稀佑很不开心,也想不明白。在小学的时候,他可是学校合唱团的主力,还担任过男生组领唱,为什么上了中学,参加比赛会被老师拒绝呢?

没能参加合唱比赛,宋稀佑很伤心。放学回家后,他把自己关在房间里,戴上耳机,哼唱起最拿手的《悟空》,当唱到高音部分时,却怎么也唱不上去了。稀佑不想放弃,竭力想要发出高音。正当他声嘶力竭狂吼的时候,爸爸推开门,非常惊讶地问:"稀佑,你怎么在房间里乱吼乱叫哇?"

"拜托,这不是乱吼乱叫好不好?我在唱歌呢!就算我唱得不好听,您也不能那样说我呀!"宋稀佑对爸爸抗议道。

过了一会儿，宋秭佑皱着眉，难过地问爸爸："我唱得真有那么难听吗？不知怎么回事，我的嗓音变粗了，高音唱不上去，我觉得自己的声音就像蜡笔小新，怪不得老师没让我参加合唱比赛呢！"

秭佑的爸爸走到秭佑身边，拍拍他的肩膀说道："我们的秭佑长大了，嗓音的变化是因为你进入了变声期。"

宋秭佑奇怪地问："爸爸，进入变声期与嗓音变粗有什么关系呢？"

爸爸坐下来，认真地说："声音的粗细是由声带决定的，进入变声期的男孩声带有所发育，声音大多会变得低沉。你的声音变粗是变声期的正常生理现象，不必为此苦恼。咱唱不了高音，唱低音也不错呀！但需要注意的是，在此期间一定要保护好自己的嗓子，不要再高声唱歌了。"

"这样啊，那我试试男低音吧。"听了爸爸的话，秭佑解开了心中的疑惑，明白了老师拒绝自己的原因。

### 专家解读

进入青春期，经历变声是很正常的。男孩一般从13岁开始进入变声期，15岁基本完全进入变声期，直到19岁左右喉结凸出，变声完成。变声期，可以理解为从童声变为成人声音的生理变化过程，每个人都会经历，持续时间因人而异。

在变声期，男性喉头逐渐变宽，声带拉长，喉结凸出，声音也逐渐变得重浊、低沉起来。在此期间，男孩的嗓音通常要比变声前低8度左右，还会出现声音嘶哑、咽干、咽痒、咽部有异物感等症状。

这个时期的声带异常娇贵，一不小心就会充血、水肿，或者出现声带小结、声带息肉等症状，轻者导致发音疲倦无力、音调改变，严重时，声音嘶哑，甚至呼吸困难。因此，保护声带是这一时期特别要注意的事情。

> 延伸阅读

### 揭开变声期的面纱

想要了解人体发音器官的结构，就不得不提到喉部。喉部处在脖子的中央位置，上接咽，下连气管。它由甲状软骨、环状软骨、会厌软骨和成对的杓状软骨组成，不仅是气体进出的门户，也是人类的发音器官。

喉的内腔叫作喉腔，喉腔内有声带，左右声带之间的空隙叫作声门。喉肌的收缩和舒张可以使声带拉紧或放松，致使声门扩大或缩小。呼出的气体对声带产生冲击，从而使声带发出强、弱、高、低等声音。

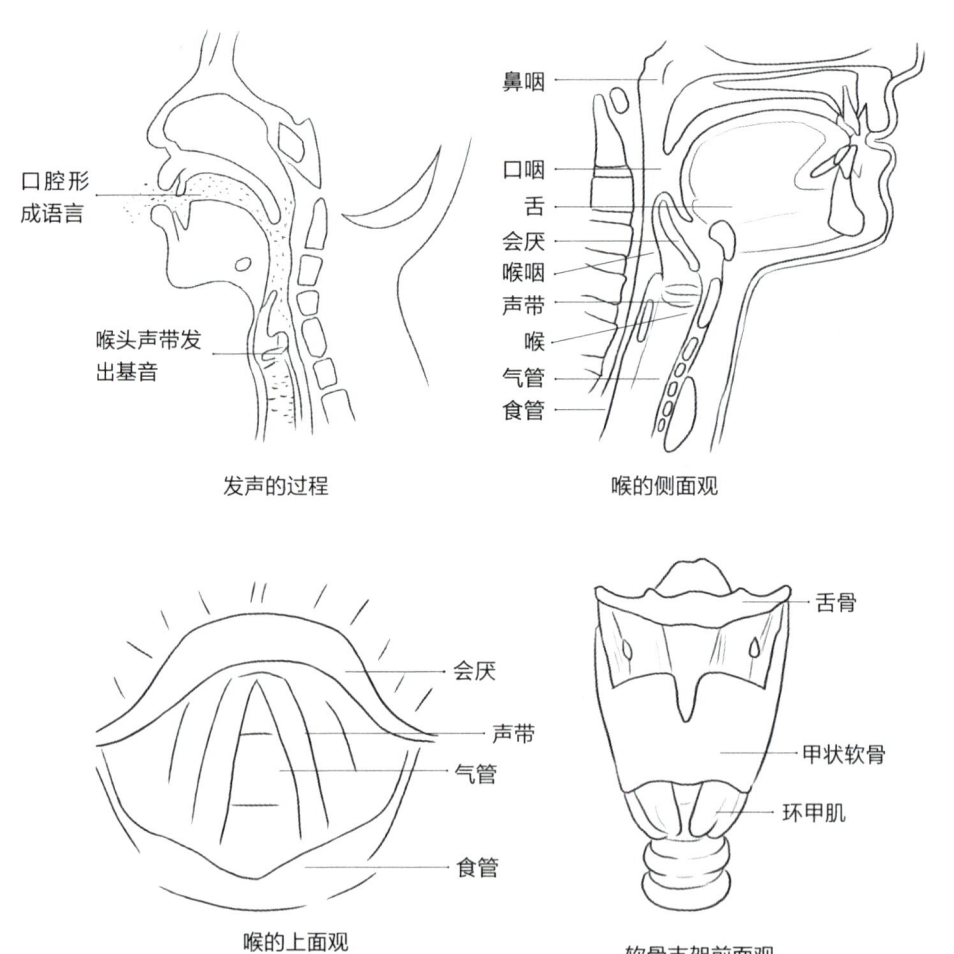

发声的过程

喉的侧面观

喉的上面观

软骨支架前面观

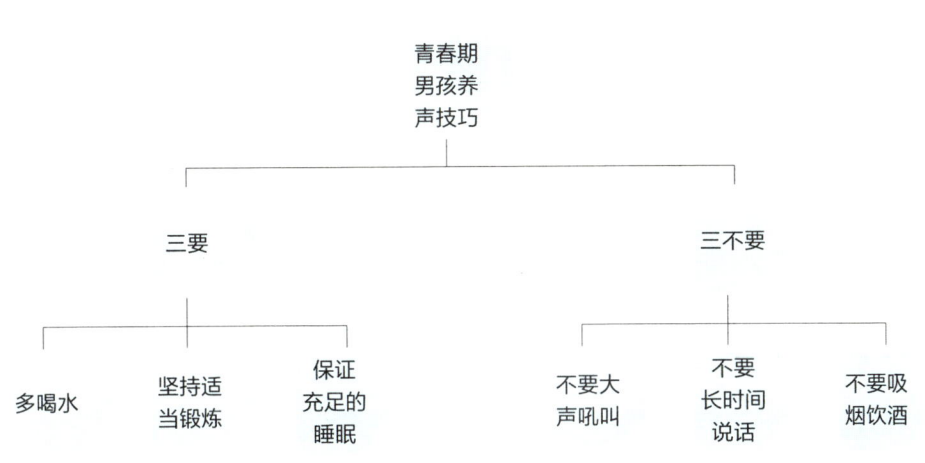

> **爸爸说给青春期男孩的话**
>
> 儿子,你是否也有宋祢佑那样的困惑呢?其实不用太过担心,爸爸也是从变声期过来的,虽然当时忽高忽低的声音常被人嘲笑,但你想一下,这不正是我们向男子汉迈进的一步吗?记住,青春期的变声是你成长的标志,也是你成长过程中的小插曲,不用过分在意,做真实的自己就好!

# 脖子上长了个结,我是男人了

青春期小档案

| | |
|---|---|
| **姓名** | 方鸿 |
| **爱好** | 打篮球、打乒乓球、玩逻辑思维游戏 |
| **特点** | 安静、沉默 |
| **事情** | 发现自己脖子上长了一块骨头 |

※ 不哭,憋出来的"硬骨头"

刚上初一的方鸿最近遇到了一件烦心事,他发现自己脖子上长了一块骨头。虽然没有影响他吃饭、喝水,可脖子上无缘无故凸出一块,总让他觉得很不安。方鸿不禁暗自发问:这到底是什么呢?我会不会生病了?别人脖子上有没有这个东西呢?

过了一段时间,细心的方鸿注意到同桌的脖子上好像也长出了奇怪的"不明物体"。渐渐地,方鸿发现班里大部分男生的脖子上都有这样一块凸起的骨头,而女生们却没有。难道只有男孩子才会有这种现象吗?于是,方鸿和同桌便分析起来,最后同桌神秘地对他说:"我知道为什么只有男生有而女生没有了。"

方鸿迫不及待地问:"为什么呀?""因为男孩子不爱哭鼻子,遇到难过的事情总是忍着,长期如此,就憋出了一块东西;而女生爱哭,所以她们的脖子不会长东西。"听同桌分析得头头是道,方鸿信以为真。

晚上放学回家,爸爸注意到方鸿脖子上的小凸起,和蔼地说:"儿子,多吃点,你现在正长身体,需要补充营养。"方鸿扭头说道:"我才刚上初一呢,不会一下子就长成大人的。"爸爸告诉他:"你都长喉结了,男孩进入青春期后,身体都会发生变化,长喉结就是变化之一。"

方鸿不解地问:"哦,原来这是喉结呀!可为什么女孩子没有呢?"于是,爸爸耐心地给方鸿讲起青春期的一些小知识。在爸爸的耐心讲解下,方鸿终于明白了自己脖子上奇怪的"不明物体"是怎么回事。他也意识到同桌的解释纯属无稽之谈,太可笑了。

### 专家解读

青春期的男孩,喉结开始变得明显凸出,这是青春期男性第二性征之一,是由雄性激素及促肾上腺皮质激素所决定的。很多男孩子将喉结描述为长在脖子上的"小骨头",事实却并非如此,它只是喉部甲状软骨的一个结构部位。

其实男孩和女孩都有喉结,只不过女孩的身体发育是雌性激素占据主导地位,雄性激素极少,这才导致女孩的喉结并不明显。这也是进入青春期后,男孩和女孩身体发育区别的表象之一。

人的喉部由9块软骨组成,其中最主要、体积最大的一块叫甲状软骨。胎儿在两个月时,喉软骨开始发育,到出生后5～6年内仍在生长,到青春期,喉软骨生长基本完成。

青春期,男孩的喉结在雄性激素的作用下迅速增大,位于颈部的甲状软骨向前方凸出,使喉结的前后径增加将近一倍,这就是喉结发育的生理过程。

### 延伸阅读

#### 1. 认识喉结软骨

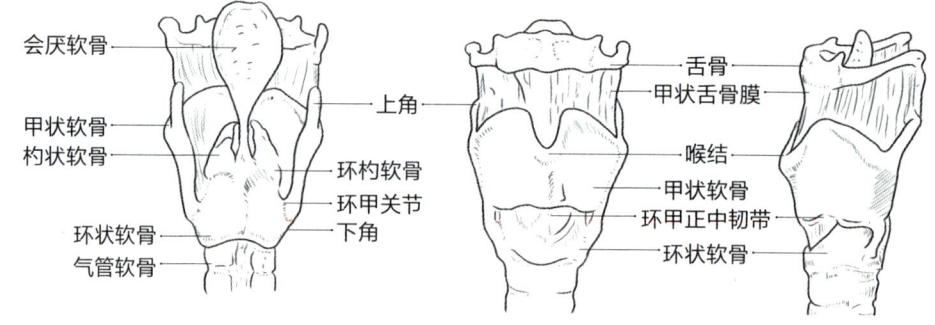

喉结软骨剖析示意图

#### 2. 喉结发育期的注意事项

喉结在发育期间不会对吃饭、喝水、说话产生影响,但谨慎起见,男孩还是应多注意。

喉结发育期应注意:
- 保证充足的睡眠。
- 多吃高蛋白食物。
- 加强体育锻炼。

---

**爸爸说给青春期男孩的话**

儿子,爸爸很高兴看到你长出了喉结,这说明你进入了身体的发育期。到了青春期,喉部出现变化,说明你成熟了、长大了,你应该感到高兴。

# 让人烦恼的胡须

**青春期小档案**

| | |
|---|---|
| **姓名** | 陈涛 |
| **爱好** | 溜冰、打台球 |
| **特点** | 活泼、好动 |
| **事情** | 因为胡须与同学发生争吵 |

## 胡子引发的风波

陈涛和聂轩是好朋友,可他们吵架了,原因是聂轩在同学面前取笑陈涛脸上的络腮胡子,说他长得像原始森林里的黑猩猩。听到聂轩的话,陈涛生气地说:"你还敢取笑我,你嘴上没毛,办事不牢,是个十足的娘娘腔。我怎么觉得你还停留在婴儿期,忘记发育了,还是回家当小宝宝去吧。"

两人你一言我一语,吵得不可开交。班主任了解情况后,请来了生理卫生课的老师,将班会课临时改成了生理卫生课。

课后,聂轩趴在桌上,偷瞄班里的男同学们,发现他们大多长出了胡须,而自己却没长,心想难道真像陈涛说的,自己还没长大?老师说,男生长胡须是正常的,难道自己不正常吗?聂轩无精打采地回到家,这一幕正好被坐在沙发上看报纸的爸爸看到,于是爸爸询问聂轩怎么了。

聂轩就将自己的疑惑告诉了爸爸。爸爸笑着对他说："傻孩子，你上学早，班里的男同学都比你大一两岁，因此你要比他们晚一两年进入青春期，而且胡须的生长因人而异，你不要担心，时机到了，胡子自然会长出来的。"

## 专家解读

男性进入青春期，长胡须是一种正常的生理现象，与喉结凸出一样，长胡须也是男性第二性征的表现之一。男孩子进入青春期后，由于体内的雄性激素分泌增多，胡须开始快速生长，这时胡须颜色浅淡，很细很少，之后胡须的颜色会逐渐变深。其实，无论男孩还是女孩都有胡须，只不过女孩受到体内雌性激素的影响，胡须几乎不可见，但这并不是说，女孩的胡须就一定不会长出来。

从本质上说，胡须是毛发的一种，在结构上同身体其他部位的毛发一样分为两大部分：露在皮肤外面的部分叫毛干，埋在皮肤里面的部分叫毛根。毛根末端膨大部分叫毛球，毛球下端凹陷部分叫毛乳头，毛乳头里含有神经末梢和血管，它们接收毛发传达的感觉并给毛发提供营养。毛根周围的袋状结构叫毛囊，它与附近的皮脂腺相通。只要有毛球、毛乳头和完整的毛囊，毛发就能再生。

因此，对于青春期的男孩来说，如果胡须不是过于茂密，就不必急于剃掉。另外，有关专家研究表明，胡须的疏密程度受很多因素的影响，如遗传、饮食习惯等。

第1章 / 身体变化：孩子要长大 / 11

**延伸阅读**

*胡须生长期间要注意*

1. 不要拔胡须。

2. 不要用胡子扎小孩子。

3. 不要过早地刮胡子。

**爸爸说给青春期男孩的话**

儿子，当你发现自己长出了小胡子时，或许你会感到紧张、苦恼、焦虑，随着胡子颜色越来越浓，你可能不敢照镜子，甚至还想把胡子剃掉。总而言之，你可能并不欢迎小胡子的光临。其实，男孩子有胡子是很正常的，这是你进入青春期的表现。慢慢地，你会发现不仅自己脸上有小胡子，同班男生也一样有，所以不用担心和烦恼，放松心情去接纳它就好。

# 痘痘"恋"上我的脸

**青春期小档案**

**姓名**　　　林启峰

**爱好**　　　下围棋、下象棋、下五子棋

**特点**　　　执拗、果断

**事情**　　　脸上长出了许多青春痘

## 烦人的痘痘

13岁的林启峰刚上初二，整天闷闷不乐，因为他发现自己脸上长满了痘痘，摸上去坑坑洼洼的，这让他很自卑。平时活泼的林启峰变得不敢抬头看人，总是低着头，放学回到家就把自己关在房间里。他经常忍不住去挤痘痘，总希望能把痘痘挤掉、抠掉，让皮肤变得平整。可越是这样做，脸上的疤痕越严重。

与林启峰有着同样烦恼的还有胡强等几个男孩，他们可谓是"难兄难弟"，经常在一起抱怨脸上的痘痘。他们无聊之余统计了一下，发现全班男生中有七人长了痘痘，女生有两人长了痘痘，而班里的男生和女生人数相同，为什么男生比女生更容易长痘痘呢？他们对此想不明白。

第1章 / 身体变化：孩子要长大 / 13

**专家解读**

青春痘又称痤疮，多发生在青春期的孩子身上。这是由于青春期的孩子性激素分泌大量增多，内分泌失调而出现的一种皮肤疾病。当然，青春痘生长与否因人而异，也确实有很多人不长青春痘，而且男孩长青春痘的概率要比女孩高一些。出现这种情况的原因是什么呢？

1. 男孩的皮肤更容易出油。男孩经常进行剧烈的户外活动，如踢足球、打篮球，这就增加了皮肤出油的可能性。再加上男孩比较粗心大意，对自己的脸部不像女孩那么关心，等青春痘长出来之后才想起祛痘。

2. 男孩的皮肤普遍较为粗糙，角质层相对而言比女孩的厚，角质堆积到一定程度，就会堵塞毛孔，使皮肤表层的毒素或污垢无法及时排出，越积越多，也就增加了长痘痘的风险。

3. 雄性激素会影响皮脂腺的活动，使油脂分泌增多，导致毛孔阻塞。而女性则不同，因为女性每个月都会来月经，卵巢会分泌较多的黄体酮，因此身体的新陈代谢更为畅通，不那么容易长青春痘。

除了上述几个重要原因，还有其他因素，如遗传因素、用了不洁净的器具（如剃须刀）、用了不适合自己的化妆品等。

**延伸阅读**

**1. 用手挤痘痘的危害**

发现脸上长了痘痘时，用手乱挤痘痘并不会让痘痘消失，反而还会引起面部肌肤感染，导致皮肤留印、留疤。

容易留下疤痕。

让细菌乘虚而入，易使皮肤感染，痘痘更难治愈。

**挤痘痘的危害**

## 2. 助你战胜青春痘的几条建议

不要抠、挤痘痘，以防留下疤痕。

饮食清淡，少吃油腻、高糖、辛辣的食物。

**如何战胜青春痘**

不要乱用化妆品。

积极参加体育运动。

保持开朗的心情，注意休息。

**爸爸说给青春期男孩的话**

青春痘并不是不治之症，它是青春期正常的生理现象，即使痘痘的生长会持续一段时间，你也要调整好自己的情绪。只有用正确的心态对待它，保持良好的卫生习惯，才能控制痘痘的生长。

还有，儿子，在这个问题上，不要和别人比较，因为每个人的体质不同，而且青春痘还受遗传等因素的影响，不要因为别人脸上没有出现痘痘而自己长了痘痘就感到烦恼。你所要做的是把注意力转移到更有意义的事情上。

# 第2章
# 私密问题：私处的健康"表情"

　　青春期的变化并不仅限于身体的外部特征，因为你即将从男孩变成一个男人，身体的内部也会发生很大的变化，可能伴随着一些让你难以启齿的问题。这些都是青春期发育的正常现象，在这一时期，一定要掌握正确的生理卫生知识，不要因为某些变化、某些现象而影响了心情，还要注意补充营养和加强锻炼，为身体健康打下良好的基础。

# 床单上为什么会湿漉漉

**青春期小档案**

| | |
|---|---|
| **姓名** | 伟男 |
| **爱好** | 绘画、摄影 |
| **特点** | 真诚、豪爽、果断 |
| **事情** | 半夜醒来发现自己的床单湿漉漉的 |

## 湿漉漉的床单

这天半夜，伟男突然醒来，迷迷糊糊中感到内裤湿了。他睡眼惺忪，疑惑着，怎么会尿床呢？等打开灯，他摸了摸床单，黏黏滑滑的，感觉不像是尿。伟男决定拿出去洗一洗。换了条内裤后，他拿着床单和内裤蹑手蹑脚地来到洗手间。他一边洗，一边在想床单、内裤上的东西是什么，同时心里暗自庆幸自己动作很轻，没有吵醒熟睡的爸妈。

洗好之后，伟男悄悄回到自己的房间，在忐忑不安中，又沉沉睡去。第二天早上醒来，伟男看到爸爸妈妈在厨房窃窃私语，时不时还看他一眼。伟男心里咯噔一下，暗自想道："不会是被发现了吧？"果不其然，过了一会儿，爸爸带伟男到他的书房，脸上露出神秘的笑容。

到了书房，伟男知道纸里包不住火，于是将昨天晚上发生的事情全部告

诉了爸爸。爸爸听完后,耐心地为他讲解是什么让床单变得湿漉漉的。听了爸爸的讲解之后,伟男终于明白了。

**专家解读**

伟男的这种情况是遗精。遗精是指在没有性生活时发生射精,这是一种正常的生理现象,是男性生殖腺开始成熟的标志。男孩10岁左右开始迈向青春发育期,一般在13~15岁左右,在没有性交和手淫的情况下可能会出现自发的射精。

为什么会遗精呢?因为随着性器官发育成熟,男孩体内开始产生带有精子的精液。当精液达到一定量时,体内容不下的精子,就以遗精的方式排出体外。遗精就像水满自溢那样正常,据调查,97%的男孩在18岁前都发生过遗精。首次遗精发生后,男孩的体格发育逐渐完善,生长速度开始减缓。与此同时,睾丸、附睾及阴茎迅速成长,接近成年人的状态。

男孩在运动后比较容易遗精,主要有三大原因:

1. 运动使血液循环加快,各器官系统的功能随之增强,生殖器官也不例外。运动后,流经睾丸、前列腺、精囊的血液增多,精液增多,遗精次数也会随之增加。

2. 体育运动之后,中枢神经系统的反射活动和植物性神经的功能也会增强,勃起中枢的兴奋性增高,容易引起神经反射,导致性器官充血,产生性冲动,于是出现遗精。

3. 有的男孩由于穿紧身的运动衣裤,或受到某种运动器械较长时间的刺激、摩擦,运动后过度疲劳,被子盖得太暖等,也会诱发性冲动,造成遗精。

总之,如果你在运动后遗精次数稍有增加,不要慌张,因为那不是病态,也不是体虚的表现。

**延伸阅读**

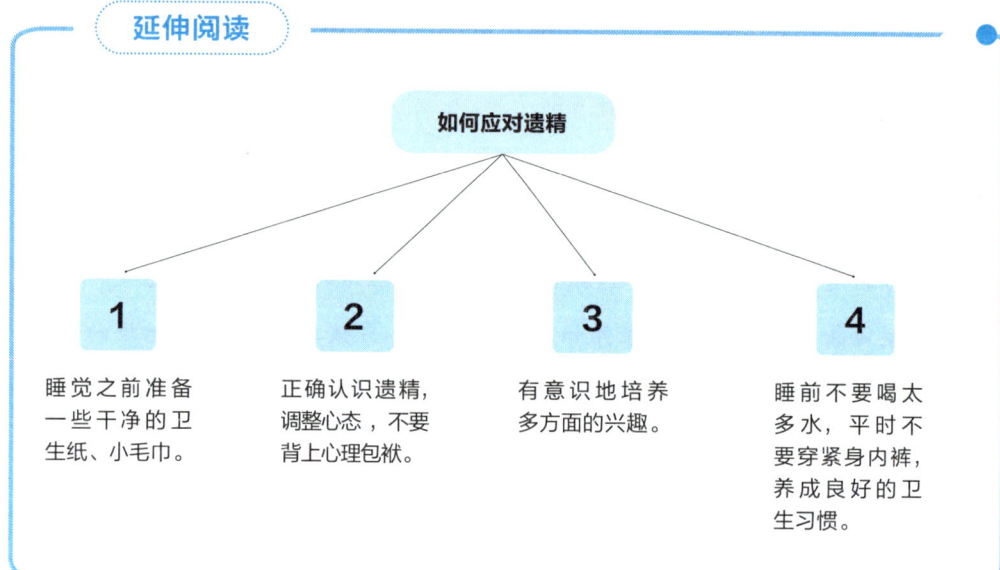

如何应对遗精

1. 睡觉之前准备一些干净的卫生纸、小毛巾。
2. 正确认识遗精，调整心态，不要背上心理包袱。
3. 有意识地培养多方面的兴趣。
4. 睡前不要喝太多水，平时不要穿紧身内裤，养成良好的卫生习惯。

**爸爸说给青春期男孩的话**

儿子，听说你出现了遗精，不要感到不好意思，爸爸觉得这是一件可喜可贺的事，这说明我的宝贝长大了。你千万不要对此有心理负担，不要觉得自己得了病，你需要对遗精现象有一个正确的认识，同时要注意生理卫生，保持健康的生活习惯。

如果每个月遗精次数都在五六次，那你一定要告诉爸爸，因为这属于遗精频繁，需要到医院做一下检查，向医生寻求帮助。

# 精子是什么样子的

青春期小档案

| | |
|---|---|
| **姓名** | 楼诚 |
| **爱好** | 打篮球、练武术 |
| **特点** | 活泼、开朗 |
| **事情** | 生理卫生课上与同学吵了起来 |

## ✳ 生理卫生课的争吵

今天,德慧中学初一(2)班的同学迎来了他们人生中的第一节生理卫生课。关于生理卫生课,班主任已经向同学们做过介绍。同学们你看我,我看你,对这门课充满了好奇。男同学不时地抻着脖子向楼道张望,试图找出上生理卫生课的老师。女同学则窃窃私语,小声讨论着课本上的内容,有些女生的脸红彤彤的,神情很不自然。

"丁零零……"上课铃声响起,一位年轻漂亮的老师走进教室,脆生生地说道:"同学们,上课!"师生之间相互问好后,这位老师便拿起粉笔在黑板上写下"秦如玉"三个大字,然后自我介绍道:"我叫秦如玉,大家可以叫我秦老师,以后我们班的生理卫生课就由我来与大家共同学习。在正式上课之前,我想问一下,大家对这门课有哪些了解?"

楼诚高高地举起了手，得到允许后站起来大声说道："我知道，就是专门研究'小鸡鸡'的一门课。"楼诚的话惹得全班同学哄堂大笑。这时，班里的另一个淘气鬼褚健站起来说道："是一门研究怎么生孩子的课！"同学们笑得更厉害了。楼诚觉得褚健抢了自己的风头，说道："你还是先研究一下自己是怎么出来的吧！知道孩子是怎么产生的吗？哼！"

褚健不服气地说道："当然知道，孩子的产生是因为精子与卵子的结合。"

"那什么是精子？"楼诚紧接着问道。褚健一时答不上来，站在原地涨红了脸，不服气地反问道："那你知道吗？"楼诚显然对这个问题早有准备，笑道："精子呀，它就是小蝌蚪。"

这时，一直旁观的秦老师觉得不能再让这两个孩子继续闹下去，于是拍了拍手说道："你们说得都对，刚才你们所说的，都属于我们生理卫生课学习的内容。下面大家跟我一起打开课本，我们来共同学习，你们的疑问在课堂上都能得到解答。"

### 专家解读

人类生命的孕育确实源于精子与卵子的结合。那么是否如楼诚所说，精子是小蝌蚪呢？

精液里，除了精子，其他的部分叫作精浆。精子由睾丸产生，精浆由前列腺、精囊腺和尿道球腺等分泌产生。精浆里含有果糖和蛋白质，为精子提供营养和能源。另外，精浆中还含有前列腺素和一些酶类物质。正常的精液呈乳白色或淡黄色，每毫升精液中的精子数一般在6000万至2亿个。有活动能力的精子占总数的60%以上，畸形精子占总数的10%以下。在室温下，精子活动力可持续3~4个小时。如果单纯从形态上看，在显微镜下，精子确实如小蝌蚪一般。

研究表明，提高精子质量和活力对男性的健康有着重要的意义。

## 延伸阅读

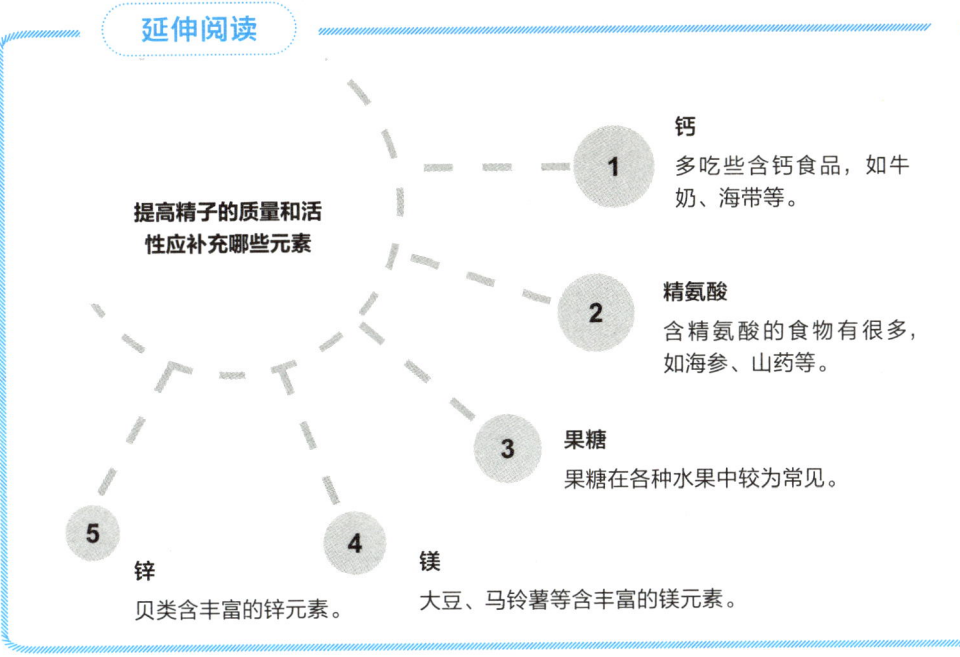

提高精子的质量和活性应补充哪些元素

1. 钙
多吃些含钙食品，如牛奶、海带等。

2. 精氨酸
含精氨酸的食物有很多，如海参、山药等。

3. 果糖
果糖在各种水果中较为常见。

4. 镁
大豆、马铃薯等含丰富的镁元素。

5. 锌
贝类含丰富的锌元素。

### 爸爸说给青春期男孩的话

儿子，精液是男孩性成熟的标志。精液中的精子和女性的卵子相结合，预示着一个新生命的诞生，这也是精液的重要作用。生活中，有些人对精液有着错误的认识。中国传统思想认为，精液是男子的"宝"，不能随意流失，否则会因精液枯竭而死，有人甚至提出"一滴精十滴血"的说法。这些说法是没有科学依据的，希望你不要受到误导。

另外，烟酒对男性的生殖健康影响非常大，爸爸希望你不要染上吸烟、饮酒的恶习。平时你要经常锻炼身体，保持身体健康，不要过度肥胖。

# 全面了解男性生殖器

**青春期小档案**

| | |
|---|---|
| **姓名** | 石锦航 |
| **爱好** | 打乒乓球、跑步 |
| **特点** | 温和、开朗 |
| **事情** | 在洗澡的时候被舍友玩弄"小弟弟" |

❊ 被玩弄"小弟弟"的烦恼

15岁的锦航因家离学校较远,所以选择住校,直到周末才能回家。锦航性格温和,脾气也很好,在宿舍与舍友们相处得非常愉快。然而最近因为一件小事,锦航与同宿舍的同学发生了一些小矛盾。

一次,锦航和舍友们一起去学校的浴室洗澡,几位舍友商量好了一起整蛊他。他们将锦航围起来,一起逗弄他的"小弟弟",不一会儿就让"小弟弟"勃起了,然后他们嘲笑起锦航。锦航非常生气,澡没洗完就穿上衣服冲出浴室。舍友们觉得锦航开不起玩笑,还爱耍小脾气,这件事让锦航很苦恼。

周末回到家,锦航的父亲发现他愁眉不展,独自叹气,就询问锦航是不是在学校发生了什么事情。锦航不好意思向父亲说明真实情况,于是走进自己的

房间,打开电脑查询了一些关于男性生殖器的问题,从而也了解了一下自己的"小弟弟"。

### 专家解读

青春期最重要的标志就是性器官的成熟。男性生殖器官分为内、外两部分,外生殖器包括阴囊和阴茎,内生殖器主要有睾丸、附睾、输精管、精囊腺、前列腺。

阴茎由尿道海绵体和阴茎海绵体共同构成,外边包着许多柔软的、充满血管的结缔组织,最外层是皮肤。皮肤延伸,一直盖住阴茎顶端的龟头部分。龟头部分与阴茎之间有一个明显的沟状组织,叫冠状沟。冠状沟最前面是龟头,龟头上分布着很多神经末梢,非常敏感,一旦受到刺激,就会立刻充血、膨胀、变硬,整个阴茎就会立刻上翘、直立,这就是我们常说的"勃起"。

阴茎的皮肤伸长而盖住龟头,这个皮肤就叫包皮,如果包皮不能上翻露出龟头,就是包皮过长。包皮过长会影响健康,通常需要进行手术。如果上翻包皮能够露出龟头,就要经常翻上来洗洗,把龟头和冠状沟中的分泌物和包皮垢清洗干净。如果不及时清洗这些污垢,可能会引起阴茎发炎,导致尿路感染、尿道炎、龟头炎甚至阴茎癌。

阴茎的重要功能一是排尿,二是在勃起的状态下进行性交活动。阴囊位于阴茎的根部,有很深的色素沉着,还有很多褶皱;阴囊里有两个睾丸,左右各一个,大小如桃核般。当天气炎热或人的体温增高时,阴囊就会变得松弛、下垂,以便散热;如果天气寒冷,阴囊就会自然收缩,以保护睾丸——这是一种天生的自我保护。在这个过程中,阴茎和阴囊基本上会遵循"热胀冷缩"的规律。

## 延伸阅读

**男性生殖器官结构示意图**

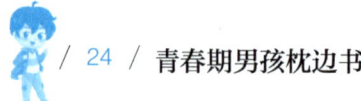

- 膀胱
- 耻骨联合
- 输精管
- 尿道
- 阴茎
- 龟头
- 包皮
- 输尿管
- 精囊腺
- 射精管
- 前列腺
- 尿道球腺
- 肛门
- 附睾
- 睾丸
- 阴囊

> **爸爸说给青春期男孩的话**
>
> 儿子，你现在进入了青春期，身体各方面的机能逐渐成熟，对于你的生殖器你要有一定的了解。现在你要做的是保持自身卫生、保护好自己的"小弟弟"，平时玩耍打闹都要有个度，不要肆无忌惮地碰触别人最脆弱的部位。

# 保护好你的"小弟弟"

**青春期小档案**

| | |
|---|---|
| **姓名** | 赵柏宇 |
| **爱好** | 看书、踢球 |
| **特点** | 活泼好动、毛躁 |
| **事情** | 体育课上被同学一脚踢中裆部 |

## ❋ 体育课上的意外

在体育课上,初中部的赵柏宇与同学踢球时,被一位防守的同学一脚踢到了裆部,赵柏宇当时就疼得趴在地上不停地哭喊,这可吓坏了其他同学和体育老师,他们赶紧抬着赵柏宇去了校医室。到了校医室之后,医生采取了紧急措施,给赵柏宇吃了止痛药,又做了相关检查,然后打电话通知了赵柏宇的家长。

赵柏宇的家长来到学校后,坚持带孩子去医院进行全面检查。第二天,赵柏宇重新回到学校上课,同学们纷纷前来送关怀,赵柏宇说没什么大问题,休息几天就好了。

两天后,针对这次意外事件,班主任在班会课上专门请来了生理卫生课的秦老师为大家讲解身体隐私部位的重要性,并且叮嘱大家在打闹、运动时一定要注意分寸,保护好自己,不要再发生类似的事情。

经过此次生理卫生课的学习，同学们都觉得自己学到了很多知识，认识到在与同学嬉戏打闹时要注意分寸，保护好自己的同时，也要注意别伤到同学，班级的氛围也因此好了许多。

### 专家解读

男性的外生殖器是性生活的需要，承担着生儿育女的重要责任，是男性身体必不可少的一部分。

睾丸是男性身体的要害部位。从生理上讲，睾丸上面分布着极多的神经，外面还有一层又厚又坚韧的白膜，其体积是受到严格限制的，不能随意改变，因此，睾丸对压力相当敏感。当腿或身体的其他部位被碰了一下，你可能不会有特别的感觉，但是同样的力量或者小幅度动作施加在睾丸上，你就会无法忍受，甚至晕过去。

在电视中我们常常看到，有人想反抗男性的袭击时，就会重击他们的阴茎、阴囊、睾丸，然后，他们就会疼得在地上打滚，甚至晕过去。

睾丸一旦受到严重的伤害，会影响将来结婚生子。因为睾丸是男性重要的生殖器官，其主要功能就是产生精子和分泌雄性激素，而睾丸受伤后，这些主要功能无法发挥，对男性的生活质量就会有重大影响。

因此，保护好外生殖器对男性有着重要的意义。青少年总是充满激情和活力，他们好动、爱闹、敢于尝试，但生活经验不足，有可能不小心伤到外生殖器，因此，增强自我保护意识，学习必要的方法，是非常有必要的。

第 2 章 / 私密问题：私处的健康"表情" / 27

**延伸阅读**

如何让"小弟弟"正常生长

1. 对烟酒说"不"。
2. 小心外部创伤。
3. 不要用过热的水洗澡。
4. 不穿紧身裤。
5. 不乱吃药。

**爸爸说给青春期男孩的话**

亲爱的儿子，在你成长的过程中，有时会遇到意外袭击，所以爸爸想要提醒你，一定要保护好自己的"小弟弟"。它不仅关系到你将来生儿育女，也是你未来享受幸福生活的关键。

有些男孩在"小弟弟"受伤之后，不愿意跟别人说，觉得难为情，就耽误了病情，爸爸希望你不要这样，有问题要及时跟我们沟通，及时求助医生，要分得清轻重缓急。

# 包皮和包茎的小秘密

**青春期小档案**

| | |
|---|---|
| **姓名** | 黎晖 |
| **爱好** | 看书、听音乐 |
| **特点** | 内向、沉稳 |
| **事情** | 对同学做包皮切割手术感到好奇 |

## 什么是包皮切割手术

早上，黎晖走进教室，感觉班里的气氛有些诡异，他看见几个男生围在一起窃窃私语。看来是发生了什么事情，黎晖暗自猜测。不一会儿，黎晖的好朋友郝鹏跑过来告诉他，原来是班上的一位同学去做手术了。"只是去做个手术而已，为什么大家都在议论？"黎晖很不解。

郝鹏接着说："他是去做包皮切割手术，你知道什么是包皮切割手术吗？"黎晖还真不知道，只是隐约记得生理书上说过包皮是阴茎外面的皮肤，能够起到保护阴茎的作用，怎么还要切割呢？看着黎晖一脸疑惑的样子，郝鹏也摇摇头说："别这么看我，我也不知道是什么意思！"看来大家也是因为不了解这个手术，所以才引发了热烈讨论。

两天后，做手术的同学回来上课，大家都对他表现出极大的关注，黎晖也不例外。他们发现，这位同学走路的姿势很奇怪，双腿叉开的幅度很大，小心

翼翼的样子，像是怕碰到什么。他那一脸痛苦的表情也让大家暗暗好奇：这个手术为什么让他有了这番变化？

男生们赶紧跑过去询问细节，黎晖也好奇地走到那位同学的桌子旁，但是问了半天，也没问出个所以然，因为这位同学也不知道他做的这个手术是为了什么。黎晖更加疑惑，他打定主意，等晚上回家后，问一问做医生的爸爸。

### 专家解读

在生活中，很多男孩都会对自己的包皮有这样或那样的误解和无视。其实，包皮不仅仅是阴茎上多了一层皮肤那么简单。通俗地讲，包皮就是阴茎体前面多出来的一块皮肤，它是由内外两层皮肤折叠形成的，两层中间的部分是结构很松又很有韧性的结缔组织，所以包皮可以自由滑动，移动距离甚至可以达十几厘米。

包皮具有伸缩性，因此可以为阴茎的勃起提供宽松的外在条件，同时也能很好地保护阴茎顶端的龟头。特别是在婴幼儿时期，龟头及其表面的黏膜组织还没有完全发育，这层皮肤的保护作用就更为重要。此外，它也可以保持龟头表面神经的敏感性。因为龟头神经在受到一定程度的刺激时会引发射精，而有了包皮的存在，龟头表面神经的敏感性就可以始终保持在正常范围内。

但包皮不是越长越好，如果包皮超过了一定的长度，就会影响日常生活和成年后性生活的质量。如果包皮过长且包皮外口还很小，造成包皮不能够自由滑动，就会把龟头牢牢地包住，使其根本露不出来。如果包皮外口直径仅有2~3毫米，没有一点伸缩性，打不开，就是典型的包茎，这种情况会严重影响性生活和人体健康。

此外，包皮处的卫生也很重要。如果长时间在排尿、遗精或自慰、性生活后不清洗，就会产生包皮垢，容易滋生细菌，不仅影响自身生殖系统的健康，还可能影响性伴侣的健康。所以，要养成讲卫生的好习惯。

在清洗的时候用温开水即可。如果有条件的话，最好用流动的水，能够淋浴冲洗最好。如果包皮很长，需要翻开洗，一定要洗到龟头部位和冠状沟部位。但是，无论如何，最好不要用洗涤剂，如果包皮里面有污垢，可稍用一些香皂。

## 延伸阅读

**影响发育：** 如龟头发育不良，容易导致生殖器短小。

**诱发早泄：** 在成年后过性生活时，男性生殖器勃起，龟头或多或少直接与阴道接触，因之前很少直接接触其他物体导致高度敏感，可能会诱发早泄现象。

**引发炎症：** 前列腺炎、龟头炎、尿道炎、膀胱炎等。

**引发癌症：** 长期慢性炎症刺激，重复感染、增生，可致尿道狭窄，甚至诱发癌变。

**包皮过长的危害**

## 爸爸说给青春期男孩的话

对于包皮，首先要做到的是保持清洁，养成勤清洗的好习惯。平时也要多注意一些生活细节，不要用力搓洗包皮，以免产生局部伤。另外，不是所有的包茎都需要手术，若不是很严重，可以自己尝试着轻轻翻开包皮，然后让它恢复原状。可能一开始比较疼或不太舒服，龟头也特别敏感，不能触碰，但坚持几天就会好转，适应之后就可以翻开并保持一段时间。

当然，如果包皮很严重，那就不要拖延，需尽快就医，以保证生殖器健康。

# 第 3 章
# 异性关系：青春微动作

青春期如何处理好与异性之间的关系是一个热门话题，也是家长们最关心的问题。随着性发育，性心理逐渐成熟，青少年愿意接近异性、了解异性是正常的心理需求。但异性交往毕竟与同性交往不同，一定要注意把握分寸，不要因为害怕早恋而刻意疏远，也不能放任自己，掺杂其他的情感而让纯洁的友谊变质。

# 为啥总爱和女孩一起玩

**青春期小档案**

**姓名** 石睿浩

**爱好** 集邮、下国际象棋

**特点** 安静、沉稳

**事情** 突然发现自己喜欢和女孩一起玩

## 莫名其妙地喜欢女同学

升入初二后,睿浩发现自己开始喜欢在女孩面前表现自己,平时活动也更愿意接近女孩。睿浩对自己的转变感到奇怪,记得上小学时,总觉得女孩很麻烦,爱哭鼻子,不知最近这是怎么了。睿浩的好多同学、玩伴也都说他变了。

睿浩也不明白自己的思想为什么会变,但他知道他是发自内心地想要接近女孩,尤其很在意女孩对自己的看法,还主动把钢笔、手机、随身听等物品借给女孩。班级里一有女孩参加的活动,他总是干劲十足,恨不得把所有的工作全包了,以此来展示自己的能干。而没有女孩参与的活动,他就会表现得很敷衍,根本提不起精神。睿浩担心自己这样会离男同学越来越远。

睿浩对自己的转变很不解,于是找了一个机会,将这件事告诉了爸爸。爸爸听了后哈哈大笑道:"这是我的宝贝儿子长大啦!"

### 专家解读

进入青春期后，随着性发育的逐渐完善，男孩自然而然地会关注性问题，会关注和女孩相关的信息，对她们充满好奇，想要接近女孩、了解女孩，这些都是正常现象，是性意识发展到一定阶段的必然表现。

睿浩的表现正是因为他在青春期有了明显的性意识，才会有接近异性的渴望。在青春期，男女同学之间自然而然会有一种彼此接近的需要，会产生互相吸引的心理。就男孩而言，他们迫切希望引起女孩的注意和好感，特别喜欢在女孩面前表现自己，有的男孩甚至故意挑逗、捉弄女孩，以引起她们的注意。

需要说明的是，异性之间在相互交往过程中产生的愉悦体验是良好的、积极的，对孩子的身心健康大有好处，所以家长不必过于担心，不能给孩子施加压力，不要让孩子过分地压抑自己，以免造成心理障碍。

但需要特别注意的是，在青春期与女生正常相处时，千万不要套用成年人的恋爱模式。因为青春期的男生女生还都处在性意识朦胧阶段，这与真正的"恋爱"相差很远。

### 延伸阅读

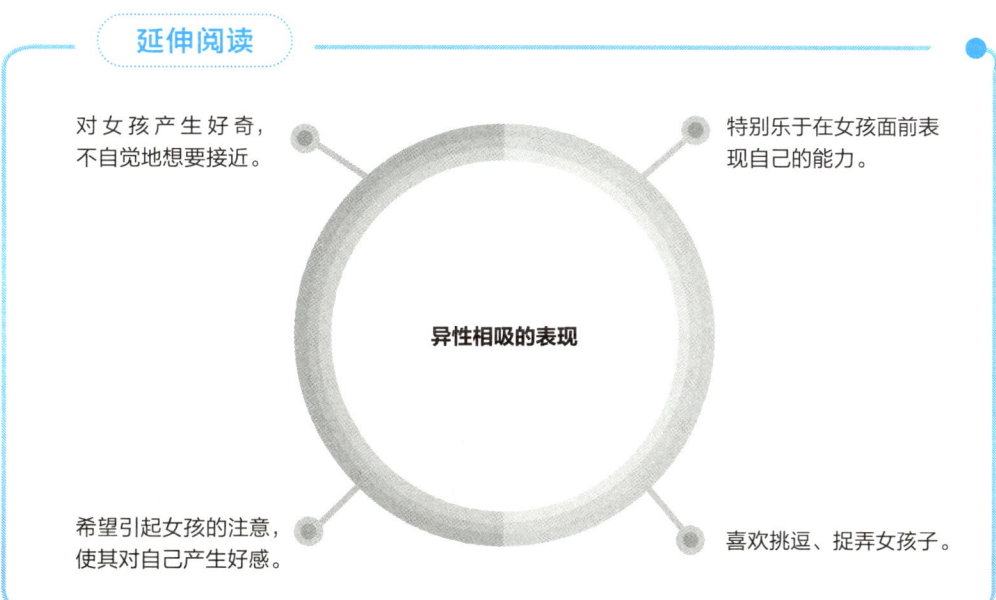

异性相吸的表现

- 对女孩产生好奇，不自觉地想要接近。
- 特别乐于在女孩面前表现自己的能力。
- 希望引起女孩的注意，使其对自己产生好感。
- 喜欢挑逗、捉弄女孩子。

> **爸爸说给青春期男孩的话**
>
> 亲爱的儿子，听说你最近很喜欢和班里的女孩一起玩，看来我们的小男孩长大了。与女孩正常的交流对于你的身心健康是有一定好处的，但一定要把握"度"。男女孩在身体和心理上都有很大的差别，不要将同性之间的相处方式套用到异性交往中。比如，你们男孩子之间勾肩搭背，追追打打，开一些玩笑，这很正常，但与女孩开玩笑的时候就要注意，不要开过分的玩笑，以免给人造成伤害。
>
> 与女孩交往时要保持一定距离，淡化性别意识，不要让纯洁的友谊变质，这样的交流方式有利于你和你同学的身心健康。

## 暗恋是一朵羞涩未开的花

**青春期小档案**

| | |
|---|---|
| **姓名** | 吴伟宸 |
| **爱好** | 打篮球、下五子棋 |
| **特点** | 好动、活泼 |
| **事情** | 暗恋一个离自己很远的女孩子 |

### ☀ 心中生出一朵花

一天,伟宸和舍友坐在宿舍门口的台阶上聊天,伟宸问舍友:"你喜欢过女孩子吗?"

舍友迟疑了一下,说:"喜欢过。怎么突然想起来聊这个?"

"没什么,我只是随便问问。"伟宸回答。

"你呢?"舍友问伟宸。

"我也喜欢过一个女孩,可是她已经不在我们学校了……"伟宸忧伤地说。

"什……什么意思呀?"舍友忙问。

"我是说她已经转学了、出国了,去了新加坡。"

"那……她喜欢你吗?"舍友好奇地问。

"不知道……我一直暗恋她。"伟宸叹了口气说。

"你们现在还保持联系吗?"

"没有了。她就像是在我的世界里蒸发了一样,再也没有消息了。"

"哦,看来你真的有点可怜,暗恋的人再也看不到了……"

伟宸感触颇深,他说:"是呀,我可怜哪,她既是我忧伤的源头,也是我忧伤的尽头。当初她是我生活的重心、支点,若是班里没有她,我想我可能都不想上学了。"

舍友静静地听着。伟宸继续慢条斯理地说着:"她的头发有些自然卷,皮肤白嫩白嫩的,仿佛能挤出水来。事实上,到现在连她的样子我都不能完全记得,但又总是忘不了,她是我心目中的仙女。"

听了伟宸梦呓般的话语,舍友的声音也随之变轻,问道:"你是什么时候开始喜欢她的呢?"

伟宸抬起头,仰望着星空,带着追忆的语气幽幽地说道:"刚开学不久,我从教室外面走进去,她正好从教室出来,我们几乎撞在了一起。她'啊'地叫了一声,抬头看了我一眼,便匆匆跑出去了。那时她梳着马尾辫,穿着白衬衫,干净整洁,十分清纯。当时我们撞在一起后大约对视了五秒钟,感觉那短短的五秒就像过了五天那么长。我的脸立刻红了,她的脸也红了。在这之前,我们只知道对方的名字,连一句话都没说过,也是从那天后,我就喜欢上了她……"

### 专家解读

暗恋会在每个人身上发生,但大多数会发生在情窦初开的青春期的少男少女身上。

暗恋可能是在不经意间发生的,也可能是刻意的。中学生承受着来自学业的压力,在情窦初开的年纪,心中或多或少会有一个喜欢的人。然而由于现实中的种种压力和阻力,大家不得不把这份感情埋藏在心里。

当然,暗恋也与自身的爱情观有关,而出现暗恋的原因通常是多方面的,无

法表白可能是由于不好意思,或者害怕表白被拒绝而影响两人的关系。

有人说,暗恋是香甜的,是火辣的,是辛酸的,也是苦涩的。当你看着自己喜欢的人时,那种感觉比喝了蜂蜜还甜蜜,那种幸福感会在你的心头一直萦绕,甚至会冲昏你的头脑。当你与她擦肩而过或四目相对时,你的心跳会突然加快,脸可能会唰地一下红了。那种刺激让你心旷神怡、意犹未尽。

渐渐地,最初的香甜与火辣的感觉慢慢减少,甚至完全消失,留给你的只有辛酸和苦涩。它们像催眠的怀表一样,令你心烦意乱,导致你学习心不在焉。这种酸与苦,不像天然的柠檬酸味一样吸引人,也不像巴西咖啡中的苦味那样令人上瘾。那种感觉是痛中带着点酸楚,酸中带着点苦涩,苦中还夹杂着痛。

在你暗恋一个人的日子里,你的心情会因她而改变。就像人们常说的"你快乐,所以我快乐"一样,或许你根本不明白为什么会这样,为什么不能控制自己的心情,但暗恋的感觉就是这么神奇。当你看到她满面笑容时,你知道她没有烦心事,于是你也很高兴;当你看到她郁郁寡欢或怒发冲冠时,你会顿生同情之心,你会猜想她为何而苦恼,为何而发怒,你想了解究竟发生了什么,甚至会和她一样高兴不起来。

如果偶然间得知她心有所属,你会萌生一种莫名其妙的心痛,或许是心如刀割,或许比在伤口上撒盐还要痛。当你看到她为心仪的人而苦恼、伤心时,你会更加心痛。这时,内心会有几个声音跳出来问你:"要不要帮帮她呢?如果他们在一起了,那我怎么办呢?她不会因为我没帮忙而憎恨我吧?"你既想帮助她,又害怕自己伤心。

当你暗恋着某个人时,你会帮她处理与她有关的很多事情。或许你的付出对方并不知道,但即使这样,你内心也很满足。

暗恋是一种特别的情感,可以生长在寂寞无声之中,也可能让你被伤害,但暗恋绝对是无私的,是没有功利性和目的性的。它没有私心,仿佛是为了信仰而存在。在暗恋的初期,你可能以为只是好感,等到爱在心中生根发芽,才发现它已经渐渐占据了整个胸膛。如果你能控制自己的情感,会将它埋藏于心底;如果你无法控制情感,可能会大胆地向对方表白,如果被拒绝,也不要认为自己受到了伤害。

## 延伸阅读

**暗恋一个人的表现**

- 总是会偷偷关注她,又不敢让人发现。
- 听到有人议论她时,总会不自觉地关注他们在说什么,而且会莫名地紧张。
- 通过一切途径来探知她的消息,关注她的喜好。

爸爸说给青春期男孩的话

孩子,如果你喜欢某个女孩,爸爸觉得你应该继续守护这份感情,不必理会别人是否理解你的所作所为。若你想让对方知晓你的心意,可以大方地表白;若她没有同意,也不必伤心欲绝,你可以继续喜欢她。

如果你发现有人暗恋你,请不要将她的美梦打破,你无法体会对方在喜欢你的过程中所经受的酸甜苦辣。因此,不妨将她当作你最忠诚的朋友,继续你们的同学情、朋友谊。

第 3 章 / 异性关系：青春微动作

# 早恋就像带刺的玫瑰

青春期小档案

| 姓名 | 陶涛 |
| 爱好 | 运动 |
| 特点 | 好动、聪慧、学习能力强 |
| 事情 | 陷入早恋 |

## ❋ 恋爱，苦涩还是甜蜜

陶涛班上转来一个漂亮的女生，这个女生叫胡美鑫，不仅长相好、性格好，而且学习也特别好。她在转来后的第一次考试中就把陶涛从班级第一名的宝座上给拉了下来。

陶涛很不服气，那个女生也很要强，两人便明里暗里开始较劲，当然免不了唇枪舌剑。老师也有意培养这两个学习尖子。时间长了，陶涛发现自己一看到这个女生就脸红，后来发展到都不敢看她。而女生也对陶涛产生了好感，两人常常单独出去一起玩。

一次，在两人单独相处中，陶涛鼓足勇气吻了胡美鑫。此后，陶涛上课开始走神，满脑子都是胡美鑫——亮晶晶的眼睛、一颦一笑和苗条的身段，甚至有时还会盯着胡美鑫发呆。夜晚躺在床上，他会忍不住回味与她的吻，甚至在考试的时候也会想着她。

接下来，陶涛的学习成绩一路下滑。让他措手不及的是，有一次他和胡美鑫单独出去玩还被同学撞见了。第二天，陶涛早恋的消息就传遍了校园，胡美鑫再也不敢与陶涛一起出去玩了。每当陶涛走在校园的路上时，经常有人对着他指指点点："这就是那个恋上胡美鑫的人哪！这么普通，真不知道那么漂亮的女生怎么会喜欢上他。"

几天后，陶涛最害怕的事情来了，这个消息传到了班主任的耳朵里，老师将陶涛叫到办公室后狠狠地批评了一通，然后让陶涛回去请家长来学校。陶涛害怕父母知道这件事，陷入了深深的苦恼中……

## 专家解读

青春期的少男少女懵懵懂懂地意识到异性之美，还来不及思考在恋爱中应该注意什么、应该负有什么样的责任和义务、应该如何控制自己的情绪时，就把这种似是而非的朦胧好感当作了爱情。

恋爱是通向婚姻的必经之路，但它不适合发生在青春期。我们知道，树上的果子成熟时最甜，青色的则发涩。而早恋就像没有长熟的果子，吃起来感觉涩涩的，而且在不该采摘的时候采摘，会让果子失去成熟的机会。

早恋就像一朵带刺的玫瑰，少男少女都会被它那醉人的芳香吸引，情不自禁地去触摸，但又常常被它刺伤。发生在青春期的恋爱只是一种朦胧的、极其不稳定的感情。这个时期的你们在性心理和性生理方面还没发育成熟，对于爱情的理解不够全面，并且仅因对方身上某一方面的优点而产生倾慕之情，缺乏对对方、对自己、对感情的全面认识。

数据显示，发生在青春期的恋情，99.99%都不会修成正果，更为严重的是，早恋会严重干扰学习。早恋时，满脑子都想着对方，没有心思学习，上课时注意力也难以集中，从而影响学习成绩。

处于青春期的你们，不要因为对异性产生了好感，就误以为这是真正的爱情，更不要盲目地向对方表白。要学会把目光放得长远一些，用理智说服自己，将更多的注意力放在学习上。等到成年后，再去追寻属于自己的爱情。

## 延伸阅读

**青春期男生女生容易发生早恋的原因**

1. 性别意识的萌发
2. 自我克制能力较差
3. 对感情没有充分、健康的认识

**不可不知的早恋危害**

身体上：早恋容易影响心情，致使情绪极不稳定，加之青春期的男女比较冲动，自制力差，常常患得患失，易引起各种影响身体健康的不良情绪，导致一系列身体不适。

心理上：早恋是一个既充满快乐又充满苦闷的过程，有时心情会忽上忽下，让人坐立不安，严重时，还会造成心理不平衡，久而久之，会造成早恋者心理扭曲。

学习上：早恋会分散精力，青春期男女生自我控制力差，早恋后会无心学习，上课走神，成绩下降，这也是家长和学校反对早恋的重要原因。

行为上：早恋者容易冲动，头脑发热，不能控制自己而过早地发生性关系，这会对双方身心造成严重的伤害，严重者可能走上犯罪的道路。

> **爸爸说给青春期男孩的话**

宝贝,有关早恋的事情,爸爸已经跟你说过无数次。首先,爸爸承认,爱情是圣洁的,你现在所遇到的问题,爸爸能够理解,因为爸爸也是从你这个年龄走过来的。但爸爸还是想对你说,你还很年轻,你的路还很长,你以后的成就会比现在大得多,你所面对的世界也会更广阔,那时候,你的眼光和选择会与现在不一样。爱情不是一时一刻的激情和冲动,真正的爱情是彼此相知相惜,是一种责任和义务。它需要有坚实的物质基础作支撑,才能够成长为一棵参天大树。

不要害怕等待会让爱情远去,只要你是白马王子,无论什么时候,你的公主都会在那里等待你。时间的洗礼会让你成为优秀的男人,使你有能力给你爱的女孩子一双坚实的臂膀。

第 3 章 / 异性关系：青春微动作 / 43

# 有性幻想就是坏孩子吗

青春期小档案

**姓名**　　　王柏涵

**爱好**　　　下跳棋、看小说

**特点**　　　善良、和气

**事情**　　　幻想和女同学接吻

## 想象中的接吻

音乐课上，柏涵发现同桌不认真唱歌，而是在桌下偷偷看书。他的脸红扑扑的，嘴角还带着笑，这笑容令人感觉很奇怪，很像《西游记》里的猪八戒看到美女时的反应。他的两腿还不自然地动来动去。柏涵仔细一看，发现同桌的裤裆处凸起一块。柏涵知道，这个家伙勃起了。他很好奇，到底是什么书能够让人看到勃起呢？于是便偷偷地去看，结果发现书页上印着男孩和女孩亲吻的画面，柏涵心里笑笑，没有放在心上。放学回家后，柏涵跟父母一起看电视时，看到女主角深情地吻着男主角，自己的身体似乎有了反应，他不好意思地起身回到自己的房间。

这时，柏涵怎么也静不下心来，便决定早点睡，可翻来覆去总也睡不着，白天和晚上看到的亲吻画面一直在他的脑中浮现。不知不觉，柏涵脑中的

"画面"一变，接吻的男主角变成了自己，女主角变成了班里的学习委员——赵雨晴。柏涵一直对赵雨晴有好感，脑海中的人变成赵雨晴后，柏涵走上前去，学着电视中男主角的样子轻轻地吻了上去。赵雨晴没有挣扎，反而热烈地回应着。突然，"咚"的一声将柏涵惊醒，原来是自己不小心碰掉了床头柜上的杯子。柏涵回想着刚才脑海中出现的画面，他感觉非常羞愧，怎么会想到和女同学接吻呢？

### 专家解读

进入青春期的孩子，许多人都对"性"有很高的敏感度：看到有关两性内容的书或电视情节，会产生莫名的冲动和兴奋，男孩的阴茎甚至会不由自主地勃起，脑海中时常闪现与性有关的幻想，而且这些幻想的对象大都是自己的同学、朋友，甚至是老师。在这样的情况下，有些孩子会认为自己变坏了，为此而懊悔自责。

其实，这些都是青春期惹的"祸"，这是人体在发育过程中正常的性生理和性心理现象。

到了青春期，男孩的性腺开始发育并逐渐趋于成熟，会产生雄性激素。在雄性激素的作用下，男孩就会产生性意识，对与性有关的东西产生好奇，并且会产生性冲动，这是青春期发育中再正常不过的现象。

但这时的男孩无论身体还是心理，都远未成熟，还不能像成年人那样通过合法的夫妻关系满足自己的性欲望，于是，常常在性的刺激下产生与之有关的联想，这就是所谓的"性幻想"。

正如著名性学家贺兰特·凯查杜里安所说："性幻想是所有性现象中最为普遍的，很难想象什么人会没有这种心理。性幻想中还伴有相应的情绪反应，或欣喜若狂，或快快不乐，由此获得一定的性满足。"

性幻想是非常正常的性心理，但也不能长期陷入其中，因为青春期是人生的黄金时期，有太多的事情需要在这个时期完成，绝不可陷入性幻想中而无法自拔。

第3章 / 异性关系：青春微动作 / 45

**延伸阅读**

**如何摆脱性幻想**

1. 不要太把性幻想当回事，如果不由自主地有了性幻想，不必为此感到自责和害怕，你越是以平常心对待，性幻想越容易消失。

2. 平时多参加校园活动，把精力集中到学习和丰富多彩的活动上去。这样可以分散精力，当你忙于别的事情时，也就无心产生性幻想了。

3. 不要看淫秽书刊、影视，因为那些东西对你的身心健康是不利的。

**爸爸说给青春期男孩的话**

亲爱的儿子，性幻想在青春期是很正常的。想当年，爸爸也有过这样的经历。

当然，这虽然是正常心理，但并不意味着可以放任自流，任其发展，更不能沉溺于其中，千万不要把时间和精力浪费在这种事情上。

# 与女生交往的正确方式

青春期小档案

**姓名**　　黄天瑞

**爱好**　　看小说、听音乐

**特点**　　胆小、老实

**事情**　　与女生说话会紧张

## 跟女孩说话就紧张，怎么办

黄天瑞在班里很少和女孩子说话，而且他的朋友中，没有一个异性。之所以这样，是因为他读小学时，经常和女孩子打闹，常被女孩子告状，导致老师经常批评他，还因此被叫过几次家长。后来，他的小伙伴们经常拿这些事来嘲笑他，他就不好意思再和女孩打闹了。

进入初中后，天瑞在与女孩的交往中显得非常被动，他不敢和女生开玩笑，不敢和女生一起聊天，担心自己的话会触动她们敏感的神经，于是刻意地疏远女孩，他觉得女孩就像外星人一样不可捉摸。因为长时间不与女生交流，现在的天瑞一跟女孩子说话就脸红、出汗，甚至说话磕磕巴巴的。越是这样，天瑞就越不敢跟女生说话，由此形成了一种恶性循环。

因为很少与女孩子说话，所以他到现在没有一个异性朋友，这让他无意中失去了很多宝贵的友谊。

### 专家解读

进入青春期的少男少女在生理和心理上都发生了很大变化，而且生理上的变化又会促使他们心理上发生相应的变化。于是，他们开始对异性表现出倾慕与向往，希望自己能与更多的异性交往，希望能向异性朋友倾诉。

与之相反，很多男孩不敢与女孩交往，与女孩说话时会脸红、出汗、心跳加快、呼吸加快、语言不连贯等，更有甚者会出现异性交往障碍。

有些家长禁止孩子与异性同学一起活动，害怕孩子早恋，结果越禁止越神秘，导致孩子越想与异性接触。这种做法对他们的心理健康是非常不利的。同时，如果男孩失去了与异性交往、学习的机会，将来可能因为缺乏与异性交往的经验而导致无法适应社会。

要知道，青春期异性间的交往对孩子来说是有很多好处的：

首先，男孩和女孩的智力类型是有差别的，男孩和女孩经常一起学习，相互影响，可以取长补短，实现差异互补，提高各自的智力水平和学习效率。

其次，异性之间交往有利于丰富孩子的情感。在异性身上获得的情感交流和感受，往往在同性朋友身上得不到。这是因为女孩的情感特点与男孩是有差异的，女孩细腻温和，富有同情心，可以帮助男孩消除狂躁，平复内心的情绪。

最后，表现在个性方面。只与同性交往，往往会使孩子的认知越来越狭隘，既与同性又与异性交往能丰富孩子的个性，可以使差异较大的个性互补、互相渗透，使孩子的性格更为豁达开朗，情感体验更为丰富，意志也更为坚强。一位著名的心理学家说过："男人真正的力量是带有一点女性温柔色彩的刚毅。"因此，男孩积极与女孩交往是成长过程中必须经历的。

**延伸阅读**

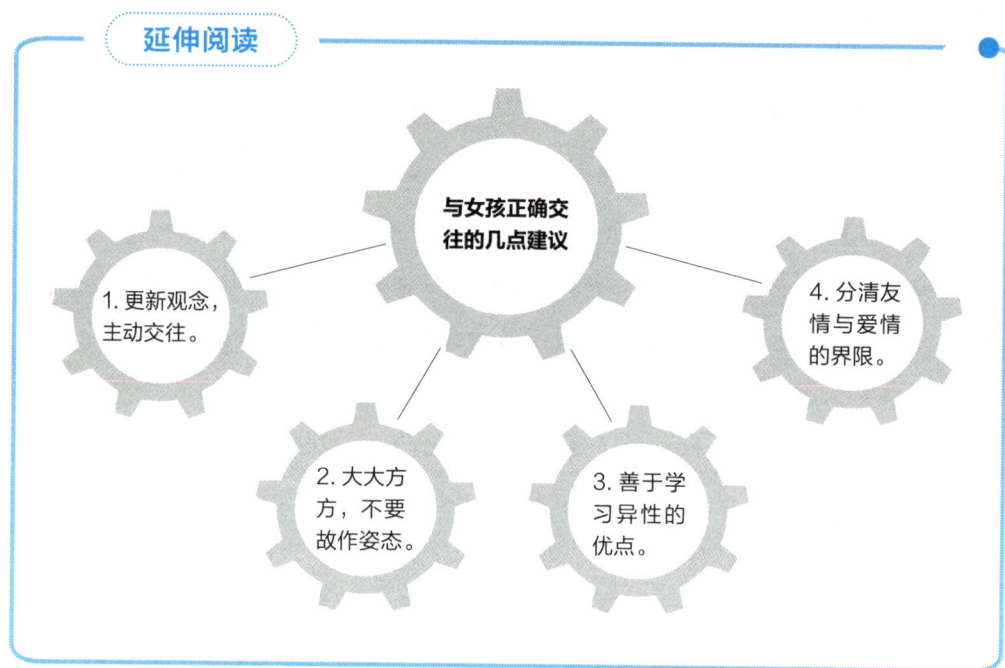

**爸爸说给青春期男孩的话**

儿子,在与异性交往的过程中,最重要的一点就是要消除异性间的不自然感。因为大家的友谊本来就该随着交往的加深而自然发展,所以你要在心理上像对待同性朋友一样对待你的异性朋友。这就需要你把握好交往的尺度,保持健康的交往。如果你遇到了情感上的困惑和烦恼,可以告诉爸爸,我们一起来分析,一起来想办法。

# 第 4 章
# 亲子关系：成长的烦恼有谁知

进入青春期后，你是不是觉得父母越来越唠叨？是不是总想跟父母对着干？是不是不再那么听父母的话，甚至有时候会控制不住情绪想要跟父母发脾气？是不是经常感到苦恼，认为父母不理解自己？其实，这些都是逆反心理在作怪。另外，因为身体的成长、自我意识的增强，你觉得自己已然是个小大人了，而父母还把你当作小孩子，这让你感到很不满。

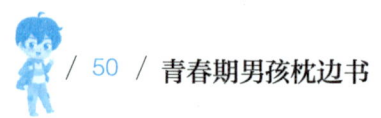

# 为什么总想跟父母对着干

青春期小档案

**姓名**　　齐彬

**爱好**　　口琴、书法

**特点**　　任性、倔强

**事情**　　经常和父母对着干，惹父母生气

## ❋ 莫名其妙的转变

齐彬从小就是个非常听话的好孩子，对父母言听计从，从不违抗父母，不惹他们生气。邻居们都很羡慕齐彬的父母，还经常用齐彬来教育自家孩子："你看看人家齐彬多听话，你怎么就不能听话点，让我省点心呢？"

但自从齐彬升入中学，一切就发生了变化，齐彬开始不再听话，甚至特意跟父母对着干。一天，他放学回到家没有先写作业，而是看了一集电视剧，等到饭做好了，却又跑去写作业，无论爸爸怎么劝他先吃饭他都不听，等他写完作业时饭菜早已经凉了。爸爸要去热饭菜的时候，齐彬却说不用了，结果与爸爸争抢时把饭碗打掉在地上，饭菜撒了一地。见此情景，齐彬扔下碗就跑出了家门。

此后，齐彬经常与爸妈唱反调。爸爸做米饭，他说不爱吃；做面条，他说面条难吃。要他穿校服，他就偏要穿金光闪闪的牛仔裤；同意他穿金光闪

闪的牛仔裤了,他又要穿校服!和他讲道理,他也不听,这让齐彬的父母很无奈。

### 专家解读

齐彬的转变并不是个例,进入青春期的孩子大部分都会发生这种情况。父母不要看到孩子和自己意见不统一便极力压制,担心稍有让步,就会导致孩子不听话。

事实证明父母反应越激烈,孩子们就越坚持己见,与父母对着干。这种行为和话不投机有相似之处,但实际上比话不投机更让人苦恼。有时,孩子的逆反行为看起来是针对父母的,但实际上也许根本不是。

著名的德国儿童心理学家夏洛特·布勒就曾把青春期称为"消极反抗期",这个名称一直被使用。由于孩子的身心逐渐发展至成熟,他们在这个时期很容易对生活采取消极反抗的态度,并且容易否定以前培养起来的良好品质。

从生理上来说,青春期孩子的叛逆是由中枢神经系统的兴奋过度引起的。科学研究表明:当中枢神经系统的功能与个人身体相应部分的活动之间形成某种一致的时候,人的身心就会处于和谐的状态。

但是,叛逆期的孩子因为中枢神经系统处于过分活跃的状态,所以对于周围的刺激,如他人的态度和评价等,表现得非常敏感,反应也非常强烈,这样,他们就会表现出逆反行为。如果这时父母因为孩子学习不自觉或不听话,动不动就斥责孩子,容不得孩子辩解,一味以父母的威严强迫孩子就范,必然会引起孩子的逆反心理。

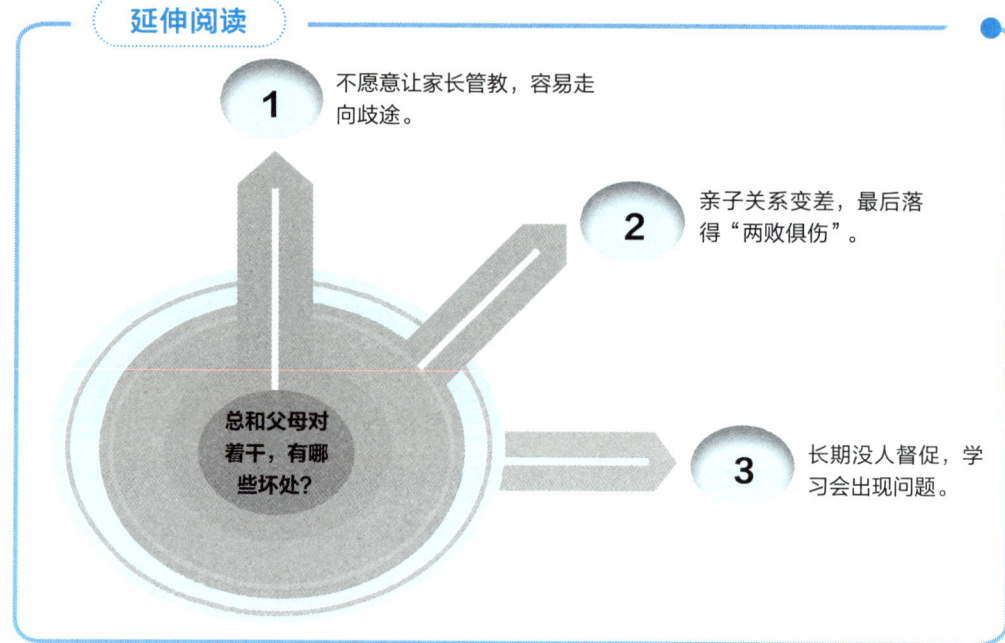

**延伸阅读**

总和父母对着干，有哪些坏处？

1. 不愿意让家长管教，容易走向歧途。
2. 亲子关系变差，最后落得"两败俱伤"。
3. 长期没人督促，学习会出现问题。

**爸爸说给青春期男孩的话**

亲爱的儿子，根据爸爸这段时间的观察，你的脾气越来越大，凡事都和我们对着干。对于你在这一特殊时期的做法，爸爸并没有生气。从我的角度看，我是能够体谅你的，但同时你也要注意不要乱发脾气，发现问题要及时与我们或者与老师沟通。儿子，你知道吗？一个无法控制自己情绪的男人并不是一个真正的男子汉，也很难受到他人的尊重和理解。

另外，爸爸希望你多抽一些时间去参加课外活动，不要把自己孤立起来，多与朋友交流，这样不仅会找到自己的兴趣，还能够实现自我价值。更重要的是，当你沉浸在快乐中时，你的逆反心理就会慢慢消失，何乐而不为呢？

# 爸爸妈妈，请给我空间

| | | 青春期小档案 |
|---|---|---|
| **姓名** | 周成文 | |
| **爱好** | 看书、绘画 | |
| **特点** | 听话、温和 | |
| **事情** | 因为父母管教太严而向父母大吼大叫 | |

## ❋ 成文的爆发

成文最近很烦恼，因为他发现自己锁在抽屉里的日记有被人翻动的痕迹。再联想到爸爸前几天神神秘秘地在自己房间走来走去，是谁翻看了自己的日记，成文心中早已有了答案，这让他觉得自己一点隐私也没有。

不仅如此，更让成文无奈的是，现在父母对自己的管束越来越严格：出门去哪儿都要汇报，和谁一起去也要说清楚；放假的时候，只能待在家里写作业，电视不让看，电脑也不让玩。父母的"严防死守"让他觉得特别压抑，在这个家里自己一点空间也没有。一天，成文在父母的追问下终于爆发了。

"够了，你们每天这样是要干什么？是要把我逼疯吗？天天像防贼一样防着我，还让不让人活了？"成文突如其来的爆发显然是父母没有料到的，一时间父母被惊住了，瞪大眼睛看着他，似乎不敢相信这是自己平时温顺、听话的孩子。成文在吼完之后自己也愣住了，不明白这次为什么没有忍住，会采用向父母大吼大叫的方式来为自己争取空间。看着父母因为自己的爆发而惊呆的样子，成文很后悔，他想说些道歉的话，但话到嘴边怎么也说不出来，最终他甩甩手，打开门冲了出去，留下屋内还没回过神来的父母……

### 专家解读

青春期的孩子生理发育不断成熟，心理发展却没有跟上，有的孩子心理发展甚至严重滞后，这种滞后会使孩子内心失去平衡。加之他们精力旺盛，认为自己身体发育了就是大人了，可以自己做主了，于是对父母的管教越来越不服。一旦父母的话没说到自己的心坎上，一件事没有做对，他们就觉得无法忍受，特别是在一些与自身密切相关的事情上，他们显得格外敏感，稍不注意，就可能暴跳如雷。

青春期的孩子有着强烈的独立愿望，不再希望被父母呼来唤去，他们渴望得到尊重和认可，渴望得到支持和赞扬。如果家长不懂孩子的这种心理，还是用教育小孩子的方式教育他们，不但无法达到目的，有时候还可能弄巧成拙，引发亲子矛盾。对于孩子来说，他们甚至都不知道自己为什么那么叛逆，而且这种叛逆的情绪是难以控制的，所以他们需要成人的关心和帮助。

此外，青春期的孩子，学到的知识越来越多，接触的世界越来越宽广，个性越来越丰富，想法也越来越复杂。最主要的是，这个年龄段的孩子，进入了第二个反抗期，自我价值观开始形成。他们向往独立，喜欢表现自己，特别渴望得到外界的肯定。父母在生活上对他们的关照以及在情感上的支持有时会被他们当作获得独立的障碍，老师或其他人善意的指导和教诲也会被他们当作对自己发展的束缚。为了打破这种障碍和束缚，他们会不顾一切地排斥外在力量。

这一阶段的孩子性格活泼，追求真知，渴望被重视、被关注，同时，这一阶段也是他们人格建立、人生价值观初现、自我转型的重要阶段。在这一阶段，父母的教育更要有耐心，不能粗暴对待，否则只会激化矛盾，对孩子的成长更加不利。

第4章 / 亲子关系：成长的烦恼有谁知 / 55

**延伸阅读**

**青春期的孩子是如何一步步走向叛逆的？**

自我意识觉醒。

有强烈的独立愿望。

渴望得到尊重和认可。

父母仍旧简单粗暴对待。

引发矛盾，孩子越来越叛逆。

**爸爸说给青春期男孩的话**

亲爱的儿子，进入青春期后，你不愿被父母过多管教，这是你渴望独立的表现。但这一阶段，也是你们这个年龄段的孩子最容易犯错的时期。如果你过于以自我为中心，听不进别人的意见和建议，固执地坚持自己的想法，这对你个人的成长是极为不利的。

爸爸想要告诉你，尽可能调整心态，让自己虚心一些，学会接纳别人的批评和建议，懂得感恩，别人才愿意给你提意见，这样你才会越来越受欢迎，不断地提高自己，成为一名优秀的男子汉。

# 不用你管，能不能别烦我

青春期小档案

| | |
|---|---|
| **姓名** | 闻璟良 |
| **爱好** | 玩游戏 |
| **特点** | 冲动、自控力差 |
| **事情** | 觉得自己最近脾气越来越差 |

## ✳ 脾气变得暴躁了怎么办

最近，璟良觉得自己总是发脾气，想和老师聊一聊，于是放学后去找了语文老师。

璟良说："老师，自从上了初二，我感觉自己长大了，也发现自己变了。"老师说："那不错，你开始关注自己了。你觉得自己哪些地方有变化呢？"

璟良有些苦恼地说："我经常莫名其妙地忧愁，有时又非常生气。我对父母的管教越来越抵触，当他们喋喋不休的时候，我一点也听不进去，很想发火。我知道这样做是不对的，但总是控制不住自己，跟父母吵架后，又觉得心里很不舒服。老师，我现在为什么无法控制自己的脾气呢？"

老师看着他，笑着说："不是只有你才这样，很多像你这样大的孩子都这样，进入青春期后，觉得自己长大了，渴望自由独立，希望自己有做决定的权利，希望得到父母的认可和尊重。如果父母说多了，你们觉得烦、想发火也是

正常的。"

璟良急忙说道:"对对对,就是这样的,有时只为一点小事就会大发脾气,我明明知道那样做会让爸妈伤心,可我还是控制不住,每次吵完后,我又特别后悔。为什么会这样呢?我的脾气是不是太暴躁了?好怀念小时候那种无忧无虑的生活,为什么现在会有这么多烦恼呢?"

老师看着璟良,笑着说:"这是因为你处于青春叛逆期,在这个时期,情绪不稳定,容易冲动,对亲人和亲情有严重的逆反情绪。你们可能不想上课,听到不好的言论会很反感,对行为的后果考虑不周。其实老师也是这样过来的,长大了就好了,你也不要太过自责。老师高兴的是,你已经意识到了脾气暴躁不好,会伤害别人,老师建议你学会克制,尽量保持心平气和。"

### 专家解读

随着青少年生理和心理的一系列变化,个性方面也有了许多新特点,主要表现在自我意识、情绪情感、日常心态,以及与父母、同伴之间的关系等诸多方面。很多青春期的孩子反映,他们情绪多变,喜怒无常,特别容易发脾气。其实,这都是有原因的。

心理学家认为,青春期是自我意识发展的第二个飞跃期。第一个自我意识发展的飞跃期是1~3岁,主要表现为孩子喜欢用"我"来强调自己的重要性。在这之后,孩子的自我意识继续发展,但发展得比较平缓稳定。

进入青春期后,由于生理发育明显,孩子们很快就展现出成人的体貌特征。这种变化来得太快,一时间让他们有些惶恐不安,自觉或不自觉地将自己的思想从调皮嬉戏的童年状态拉回,重新审视自己的主观世界,从而产生自我意识的第二次飞跃。这时主要表现为内心世界开始丰富起来,并开始进行内省,比如思考:我的特征是什么?我将成为什么样的人?别人喜欢我,还是讨厌我?

由于他们的身体开始发育,而心理没能同步成熟,所以他们总认为自己是大人，认为自己是正确的，听不进别人的意见。青春期的孩子普遍排斥外在力量。当被干预时，他们就会反抗，最常见的表现方式就是发脾气。

孩子渴望独立自主，父母不妨给孩子锻炼的机会，不要再像小时候一样，生活、学习从头管到脚，要信任孩子，在充分沟通之后，让孩子自己安排学习，学会处理自己的事情，父母只需设定目标，提出修正意见。孩子出现失误，父母不要借机埋怨，而应帮孩子寻找原因。只要引导得当，无论成功和失败，孩子都能从中获得经验。

要知道，对于青春期的孩子来说，父母和老师的引导非常重要。一旦引导不当，可能会让孩子对人、对事产生多疑、偏执、冷漠等现象，甚至会出现意志衰退、学习被动、行为消极、生活萎靡等情况，最终形成病态心理和犯罪心理。如果引导得好，那他们就能够顺利度过危险期，走上健康发展的道路，形成良好的行为习惯和思维模式。

**延伸阅读**

**如何控制自己的坏脾气**

- 深呼吸，尽量延长屏气的时间。
- 如果条件允许，不妨走出去，到外面散散心。
- 把注意力转移到其他事情上，如一本精美的图书、教室外的行人。
- 从10起开始倒数，或闭上眼睛，想象空旷的海滩和静谧的森林。
- 回忆以往成功控制住坏脾气的经历，这次也采用相同的方法。
- 让自己微笑，有助于改善自己的情绪。

爸爸说给青春期男孩的话

亲爱的儿子，处于青春期这个阶段，你会有一段时间不愿被父母过多管教，也会表现出较为强烈的反抗性。在这一时期，有一部分孩子，喜欢以一种"风暴式"的方式对抗某些外在的力量。这种反抗行为表现得很激烈，发生得很迅速，会给别人带来伤害，会严重影响人际关系。如果你发现自己也有这种情况，爸爸希望你能学会控制。

爸爸知道你长大了，有了自己的看法和见解，不希望爸爸妈妈过多地干涉。也许你是对的，爸爸也应该调整一下与你的沟通方式，不该一味地要求你怎么做，也该静下心来多听听你的意见，与你平等交流，共同解决问题。爸爸希望你发表观点的时候不要冲动，学会用平和的态度与爸爸妈妈交流，而不是采取吵架等极端对抗的方式。只有这样，我们才能更好地谈心，才能平心静气地解决问题。

# 突然好想叛逆一回

**青春期小档案**

| | |
|---|---|
| **姓名** | 林庭轩 |
| **爱好** | 手工制作 |
| **特点** | 沉默、倔强 |
| **事情** | 想要改变自己，逃学只为叛逆 |

## ❋ 我想做自己，你不要管

升入初中后，庭轩觉得内心总有一种冲动，不想再做父母的"乖宝宝"，因为他觉得自己太没个性了，可又不想让父母失望，只能将这个念头深深地藏在心底。但庭轩发现，自己越来越压制不住内心的冲动，总想顶撞父母、反驳他们。

这次，庭轩彻底爆发了。事情的起因是上个周六，父母说玩游戏会耽误学习，让庭轩把精力全部放在学习上，不要玩电脑游戏。庭轩已经听了无数次这样的话，很反感，二话不说摔门就走，然后整夜不归，害得父母焦急地到处找他。接下来，庭轩又开始逃学，父母用尽各种办法劝他，可他依旧我行我素。最后妈妈只好妥协，并向他承诺："只要你按时上学，晚上回家休息，我们就不再批评你。"庭轩这才重回学校。

**专家解读**

青春期是一个变化期，一直表现很好的乖孩子可能在青春期突然叛逆起来。其实，每个孩子的内心深处都有叛逆、冲动的因子，只不过这种因子埋藏得很深很深，一直没有爆发出来。而进入青春期后，随着生理和心理等方面出现较大变化，内心的冲动可能像沉睡多年的火山一样爆发。

青春期的叛逆行为可归结为以下几点：

1. 自我意识更强烈

青春期的孩子已经有了独立思考的能力，在人生观和价值观方面有了自己的主见，自我意识更强烈。

2. 经常与家长"死磕"

到了青春期，孩子不喜欢听从父母的安排，让往东偏往西，喜欢我行我素。

3. 追求个性和独特

青春期的孩子喜欢追赶潮流，认为奇装异服、染发、吸烟是在追求个性和独特。

4. 喜欢发脾气

每当被爸妈阻拦，觉得自己得不到支持和理解时，他们心中的怒火会不由自主地喷向父母。

对于青春期孩子的叛逆行为，家长一定要做好心理准备，正确引导，不要让孩子走向极端。

## 延伸阅读

**青春期叛逆的孩子容易产生哪些问题?**

- **社交问题**：容易与周围的人产生冲突，会影响人际关系，难以融入集体，错失团队合作的机会。

- **学业问题**：对学习失去兴趣，表现为不努力、逃学或成绩下降。

- **心理健康问题**：易产生焦虑和抑郁等心理健康问题。感到被误解、不被接受，从而产生自卑感和沮丧情绪。

- **法律问题**：寻求刺激和冒险，忽视法律和道德的约束，导致出现违法行为。

- **家庭问题**：与家人之间的关系紧张甚至破裂，经常与父母发生冲突，不听从家庭规定，甚至离家出走，导致家庭氛围不和谐。

- **性格发展问题**：导致形成多疑、冷漠、偏执、不合群等性格。信念动摇、理想泯灭、意志衰退，进一步可能向犯罪心理和病态心理转化。

### 爸爸说给青春期男孩的话

有一种冲动叫"好想叛逆"，它时常掠过你的心头，又迅速变为往日的沉闷。儿子，爸爸知道你是个好孩子，学习勤奋、认真，努力做到"天天向上"，每天静静地读书写字，默默地努力。

在青春期之前，你的努力可能充满动力，可是当进入青春期后，你或许就按捺不住叛逆的冲动了。看着身边打扮漂亮的女孩，再看看穿着一身朴素校服的自己，你不由自主地低下了头；看着外面的不良少年嘴里叼着

烟,随心所欲,也许你会忍不住感叹:他们这才叫青春。

看着别人放荡不羁的青春,你是否感觉自己的青春很单调,除了学习还是学习?你期待受人关注、被人尊重。这种种心情,爸爸都能理解。

爸爸知道,每个人都想叛逆一回,都想找点刺激,都很想随心所欲地生活。与单调枯燥的生活相比,另一种方式充满了诱惑。爸爸也知道你很辛苦,几乎没有时间去游乐场玩,也不能尽兴地玩电脑,大部分时间只能乖乖地坐在家里写作业、看书。爸爸认为适当的叛逆未尝不可,它会让你释放出一些天性。爸爸相信你已经是个大人了,你有能力掌控自己的生活。

爸爸希望你在思想上有自己的见解,比如对一个问题提出自己的观点,学会质疑他人的意见,但在行为上还是要约束自己,要知书达理、友善待人,这是你获得良好人际关系的重要前提。

爸爸希望你把我们当成朋友,有事可以向我们倾诉甚至哭诉。当你倾诉、哭诉完后,相信你内心的怨气也就烟消云散了。

# 你为什么会有离家出走的想法

**青春期小档案**

**姓名**　李元皓

**爱好**　看书、听歌

**特点**　听话、胆小

**事情**　因为学习成绩下降而差点被父亲打了

※ 离开这个家，会更好吧

　　临近中考，父母对元皓的成绩越来越关注，导致元皓的压力也越来越大。令元皓父母没有想到的是，他们越关心元皓，元皓就越有心理负担。在全年级前几次模拟考试中，元皓都因为心态问题而没发挥好，这令父母很失望。

　　班主任刘老师对元皓这几次的考试成绩也不满意，因为元皓平时成绩很好，班级内部的测验都排在前五名。通过和元皓沟通，刘老师觉得元皓应该跟父母谈一谈，把自己的想法说出来，这样也许会减轻元皓的心理负担。元皓答应了老师的建议，但心里并不想与父母谈，因为他害怕，害怕父母会生气。

　　这一次模拟考试，元皓还是没有发挥好，此时距离中考不到60天。回到家后，元皓把成绩单拿给父母看，然后站在原地，等待着父母的雷霆震怒。果

然,爸爸看完成绩单后"哼"了一声,把成绩单使劲摔在茶几上,到书房拿出很久没有使用过的尺子,对着元皓的屁股就要打。还是妈妈把尺子夺过去扔到一边,让元皓回房间自己反省。

关上房门的那一刻,元皓还听到爸爸说:"这个不成器的东西!"回房间后,元皓趴在床上回想着这段时间的事情,忍了许久的眼泪还是流了下来。元皓想,如果自己离开这个家,父母就不会生气失望了吧,自己也不用再承受这么大的压力了。

**专家解读**

青春期的孩子正处在困惑期、迷茫期,父母过多的关注与约束更容易让孩子厌烦,许多孩子会自然而然地想要逃避,甚至产生离家出走的念头。

一般来说,孩子会出现离家出走的念头,除了自身原因,我们还需要考虑家庭方面的因素。这部分因素主要集中在孩子未能达到父母的要求时父母的态度。虽说自身原因一向被看作是事情发展的根本原因,但在这一问题上,父母的态度往往起着决定性作用。

我们经常看到青少年离家出走的报道,其实很多时候,大多数孩子离家出走都只是一时冲动,只是想寻得一时的自由空间,并不是真的想彻底离开家。

父母如果能在孩子未达到自己要求时采取缓和的态度,而不是简单粗暴地批评甚至打骂,相信大多数孩子是不会真的离家出走的。

离家出走虽然能让自己当时好受一些,但其实对父母、对自己都是一种伤害。如果对父母有意见,可以坐下来和父母好好谈一谈,不要采取离家出走这种极端、危险的方式。

## 延伸阅读

提前准备，防患于未然，平时对孩子多些关心，了解孩子的想法。

**如何应对孩子离家出走的想法和行为**

对离家出走的孩子，要以欢迎的态度接纳孩子回家，而不是加以责备。

**爸爸说给青春期男孩的话**

亲爱的儿子，爸爸知道，我们不该把自己的想法强加到你的身上。我没有真正地关心你、理解你，我不该拿你与别人做对比，也不该在你考试成绩不理想的时候动手，爸爸错了，爸爸向你道歉。

有人说过："要想知道孩子眼中的世界是什么样子，你得先蹲下来，从孩子的位置和高度去看世界。"我现在真正理解了这句话，原来我始终没有将自己和你摆在一样的高度，导致我们父子之间出现了很多问题。

一位教育界的朋友说："天底下没有有问题的孩子，只有有问题的父母。"我现在非常认同这句话，爸爸以后会学着和你平等相处，多多征求你的意见，但在涉及原则问题时，你也一定要听从爸爸的建议。这样好不好？

另外，你要答应爸爸，无论如何都不要采取离家出走的方式来与爸爸对抗。要知道，你如果离家出走，最担心的人还是爸爸和妈妈。

# 第5章
# 人际交往：做个内心充满阳光的男孩

人类喜欢群居，每个人都需要朋友，对于青春期的孩子来说，没有朋友是无法想象的。青春期的孩子有了心事，大多都不愿意跟父母、老师讲，他们更愿意去找志同道合的朋友倾诉。朋友的一句话，有时比老师、父母苦口婆心地说一万句都有用。青春期，是青少年结交朋友的最佳时期，也是交朋友的危险期，交对朋友比什么都重要。

# 赠人玫瑰，手有余香

青春期小档案

**姓名**　　徐帅

**爱好**　　打篮球、踢足球

**特点**　　热心肠、直爽

**事情**　　与几个同学一起，轮流帮助脚受伤的同学上下楼

## ❋ 乐于助人的好少年

齐明华同学在上周的体育课上不小心骨折了。为了不影响学习，齐明华在脚上打了石膏之后便回到学校上课。班主任号召班里的同学帮助受伤的齐明华，尤其是男同学。

徐帅第一个站了出来，随后那些经常与齐明华一起踢球的男同学也站起来向老师保证，一定会帮助齐明华同学。

就这样，每当中午或晚上下课后，徐帅他们轮流搀扶或背着齐明华去餐厅或宿舍。不管刮风下雨，徐帅等同学从未间断，三个月后，齐明华的脚伤好了。

为了答谢帮助自己的同学，齐明华给每个人准备了礼物。

虽然每天帮齐明华上下楼有些麻烦，但徐帅发自内心地感到快乐。他说："我第一次感觉到，原来帮助别人的时候自己竟然会这么快乐。不仅如此，我们班几个同学热心帮助本班同学三个月的事情，还登上了学校的报纸，最后我们还获得了学校的表彰。自己的付出被大家认可，这让我很激动，但我觉得这些荣誉都没有看着齐明华同学一点点好起来更让我高兴。原来在帮助别人的同时，我也有收获，也许这就是所谓的'赠人玫瑰，手有余香'吧。"

### 专家解读

青春期是孩子品格塑造的最佳阶段，这个时期养成的好习惯会让人受益一生。而且，乐于助人是中华民族的传统美德。我国古代先贤留下了许多关于乐于助人的格言，如"忽己之慢，成人之美""贵人而贱己，先人而后己""趋人之急，甚于己私""悯济人穷，虽分文升合，亦是福田；乐与人善，即只字片言，皆为良药"。两千多年前墨子就倡导："摩顶放踵，利天下为之。"意思是说，对别人有利的事，即使从头顶到脚跟都受到损伤，也要去做。

对于青春期的男孩来说，乐于助人并不一定要做什么惊天动地的大事。"勿以善小而不为"，能够在日常生活中做到经常帮助他人就是一件了不起的事。

当你走过卫生角，随手捡起掉在地上的纸屑；当你经过讲台，随手将零乱的讲台整理好；当你穿过马路，扶起一位摔倒的小男孩，安慰他不要哭泣……这些看起来微不足道的事，都是乐于助人的表现。

当有人遇到困难，需要你的帮助时，不妨去帮一下。就像徐帅同学一样，在帮助同学的同时，自己也感受到了快乐。因此，青春期的男孩们不妨去体验一下帮助人的感觉，相信你一定能从中得到快乐。

### 延伸阅读

*如何做到助人为乐？*

1. "勿以善小而不为"，从生活中的点滴做起，举手之劳却能给人温暖。

2. 生活中真诚待人，发现别人有困难时，及时出手相助。

3. 急人之所急，将对方的事情放在心上。

**爸爸说给青春期男孩的话**

儿子，你可以换位思考一下，当你遇到困难时，是否渴望得到别人的帮助呢？所以，当看到别人遇到麻烦时，不要吝啬你的帮助。现在的你们，大部分都是独生子女，很多时候并不会顾及他人的感受，爸爸希望你能够通过帮助别人，培养乐于助人的好品质。

当你帮助别人时，你会很快乐，获得喜悦、成长、幸福。当然，爸爸并不是让你无原则地帮助别人。帮助别人也要量力而行，否则，不但不能帮到别人，还会给自己带来伤害。

# 做个懂得拒绝的"好好先生"

青春期小档案

**姓名**　　夏文

**爱好**　　看书、下象棋

**特点**　　乐于助人、好心肠

**事情**　　不会拒绝

夏文是个很热心的孩子,平时很喜欢帮助别人。别人请求他帮忙,他从不推辞,即使在很忙的时候,他也会放下自己的事,去帮助别人。比如,当他正在写作业或看书时,如果有同学说"夏文,一起出去打球吧",夏文会说自己正在看书。如果同学继续说"没事,玩一会儿就回来了。回来再看吧",夏文就会因为不好意思拒绝而放下书跟同学一块去玩了。

夏文的爸爸认为孩子热心并不是一件坏事,但有些事情也该学会说"不"。爸爸对夏文说:"你应该学会说'不',懂得去拒绝,不能什么请求都答应。比如当同学让你去做一件无关紧要的事情时,而你此时正忙着写作业或正在做自己的事情,你就该跟同学说明一下情况,婉转地拒绝同学的请求。相信你跟他说明情况后,他也不会强迫你的。其实,在人际交往中,学会说'不'也是一种艺术。你一步步走向社会,以后可能会遇到各种各样的请求,这时,你就该学会说'不'，学会去拒绝，学会去衡量。"

夏文无奈地说，其实自己也不想这样，但就是不好意思跟别人说"不"，不好意思拒绝别人，常常"不"字到了嘴边又咽了回去。当然，有时候也是害怕得罪同学，怕拒绝别人多了，以后别人就不跟自己做朋友了。

听了夏文的理由，爸爸耐心地说："只要你的理由是正当的，而且语气婉转一点，别人会理解你的。因为真正的朋友会体谅你、理解你，不会因为你的拒绝而不理你。那些不能跟你成为朋友的人，就算你答应他们再多的事，他们也不会成为你的朋友。"

听了爸爸的话，夏文心里的包袱终于放下了。他不再像以前那样什么事都答应别人，他开始学着说"不"，学会拒绝。如此一来，夏文可以更好地安排时间，而且他并没有失去朋友。

### 专家解读

做人难，做事难，拒绝别人更难。孩子在与人交往时，交往对象并不都是友善的、讲道理的，有时也会遇到一些不讲道理、自视甚高的人，他们不仅会提出无理要求，还会强迫别人无条件地接受。如果你好面子，不懂得拒绝，最终吃亏的只能是自己。因此，要学会拒绝，勇于说"不"。

学会拒绝不代表要拒绝一切，也不代表拒绝别人的一切请求。当同学请求你在学习上、生活上予以帮助时，如果你有时间帮忙，当然不要拒绝。所谓的拒绝，是指拒绝那些没意义的事情。

坦然接受他人说"不"。你可以拒绝别人，别人也可以拒绝你。当遭到别人拒绝的时候，要以平和的心态去面对，学会坦然接受。因为别人也有一些不得不拒绝你的原因，要学会体谅别人。

不要不好意思。有些孩子总觉得拒绝别人是件非常不好意思的事，因此在说话的时候非常小心、谨慎。其实不必有这样的心态。你觉得自己应该拒绝的时候，就不要拘泥，要大胆地说"不"。

此外，还要学会从不同的角度看待问题，如此就不会觉得拒绝别人是一件让你难堪的事情了。

第5章 / 人际交往：做个内心充满阳光的男孩 / 73

**延伸阅读**

**拒绝别人需要注意的策略和技巧**

1. 态度要坚决。

2. 尽量维护对方的自尊，减少给对方造成的心理伤害。

3. 将拒绝的理由解释清楚，不要让对方感到不快。

**爸爸说给青春期男孩的话**

亲爱的儿子，爸爸想要告诉你，说"是"是一种能力，会说"不"同样也是一种能力。一个不会拒绝他人的人是无法得到真正的快乐和幸福的，因此，当面对别人的无理要求和你无法满足的要求时，你一定要勇敢地拒绝。不要以为拒绝别人是一件不好的事，事实上，有些时候你不去拒绝反而会给自己、他人带来更大的伤害。

当然，如果朋友确实有困难，而且你也有能力帮上忙，你就应该尽力去帮助别人，这样不仅可以锻炼自己，你的朋友也能因为你的帮助渡过难关。

# "哥们儿义气"要谨慎

青春期小档案

| | |
|---|---|
| **姓名** | 李猛 |
| **爱好** | 跑步、打篮球 |
| **特点** | 好勇斗狠、仗义、直爽 |
| **事情** | 见朋友受欺负，为朋友出头，被别人打伤 |

## ❈ 讲义气就真的是男子汉吗

在整个初二年级，李猛可以算得上一呼百应，因为他为人仗义，急人之所急，经常主动帮助别人。李猛人如其名，长得高大威猛，但对学习不怎么上心，经常去篮球场打球。

这天，李猛正在打篮球，忽然听说班里的一个同学在餐厅被人打了，李猛立即回到教室了解情况。那位被打的同学说，他在餐厅打餐的时候，被人踩了一脚，于是便说了那人一句，没想到那人竟然直接动手，猝不及防之下，他就被人按在地上打了一顿。李猛听了之后说道："兄弟，你放心，这个事还不算完，等晚上我叫人堵住他，给你出这口气。"

晚自习的课间，李猛叫了几个朋友，约好了晚自习结束后，给自己班里的同学出气。放学后，李猛带着人来到教学楼下，白天被打的同学很快就认出了自己的"仇人"，喊了一声："就是他。"李猛几人一拥而上，没想到对方也有准备，在他周围的那十几个人竟然都是他的帮手。李猛这边加起来才六个人，这一拥而上，如羊入虎口，被十几个人围在了中间。李猛见状，知道自己势单力薄，喊了一声"跑"，自己先冲过去，掩护身边的几个朋友撤退。李猛这招出乎对方的意料，猝不及防之下，李猛一下子扑倒了两三个，李猛的朋友借着这个机会冲了出去，又去找其他朋友来帮忙。

李猛的朋友跑了，但李猛被围了起来，双拳难敌四手，结果李猛被人狠狠地收拾了一通。过了一会儿，李猛的朋友带了二十几个人来帮忙，身后还有人在往这边赶来。待朋友到达之后，李猛虽然很想为自己出气，但不知为何，最终没有动手，只让那些人向自己及白天被打的同学道歉。

这件事虽然没有出现严重的后果，但被学校领导知道后做了全校通报批评，李猛作为领头人，给予记大过处分。李猛心中很不是滋味，明明是为同学出头，结果自己被打，鼻子、胳膊疼了好几天，还被学校记了大过，而且回到家后还不知道会有什么样的训斥呢。李猛开始反思起自己的行为，他有些后悔……

### 专家解读

青少年时期正是寻求自我认同的关键期，男孩们渴望友谊是正常的，但不可以陷入不讲原则的"哥们儿义气"中。其实这二者之间有着本质的区别："哥们儿义气"源于江湖义气，容易为"哥们儿"的私利而失去原则；友谊则不同，友谊是有原则、有界限的。很多成年人都很难将友谊与"哥们儿义气"区分开，更不用说还处在成长阶段的青少年了。

处于青春期的孩子，随着自我意识觉醒，强烈渴望独立自主，却又不愿意与老师、父母交流，容易产生孤独感。这种孤独感促使他们在同龄人中寻求理解和帮助。由于他们阅历较浅，认为有了"哥们儿义气"就能搞好同学关系，却没有意识到这只能维护少数人的利益与团结，并不利于整体团结。

讲"哥们儿义气"常常是青春期男孩出手伤人的重要诱因，这会给青春期男孩的成长带来不利影响。青少年为了所谓的"哥们儿义气"，去殴打他人，其实，帮忙者和受害者之间本无恩怨，甚至有时候还是同学，但在朋友的请求或要求下，为了帮朋友出口气，盲目地出手，导致他人受伤，也把自己卷入麻烦中。朋友间的友谊固然珍贵，但为了出气而大打出手，这种义气要不得。

**延伸阅读**

"哥们儿义气"的危害

**害他人**
因为"哥们儿义气"为自己的朋友帮忙，盲目出手，会让别人受到伤害。

**害自己**
"哥们儿义气"只讲义气不讲原则，很多青少年分不清"哥们儿义气"和真正的友谊，因此走上了违法犯罪的道路。

**害集体**
从根本上说，"哥们儿义气"是一种小团体主义，只顾小团体的利益，而不顾集体利益，对集体和社会的危害很大。

亲爱的儿子,我相信在你的身边一定会有为了"哥们儿义气"或朋友情谊而放弃原则的事例:会有一部分人发现同伴做坏事而不劝阻、不揭发,见到错误言行不批评,包庇纵容,听之任之;当同伴受到欺负的时候不去安慰,而是和同伴拉帮结伙去报复别人。这些做法都是不正确的。我们的社会提倡互相团结,合作共赢,关心集体。

爸爸希望,在你和同学、朋友相处的过程中,千万不要让自己陷入"哥们儿义气"的旋涡中,要做一个讲原则、明事理的人,因为这种哥们儿义气弊大于利,最终的结果必然是害人害己。

# 会道歉才能使友谊长久

**青春期小档案**

**姓名**　　汪梓良

**爱好**　　跑步、打篮球

**特点**　　直爽、开朗

**事情**　　因为打球与好朋友发生冲突

## 体育课上的冲突

梓良是班级体育委员，非常喜欢打篮球，与同样爱打篮球的潘海佳是很要好的朋友。可这对形影不离的好朋友最近却在闹矛盾，已经好几天没有说过话了。矛盾源于上周的体育课，汪梓良等几个爱打篮球的同学进行了一场篮球比赛。梓良在一次带球进攻中，不小心将潘海佳撞倒，却连一句道歉都没说。这让潘海佳很生气，他站起来就推了梓良一下，梓良也不甘示弱，最终两个人扭打在了一起。幸好周围的同学及时拉开了两人。两人都没受伤，却自此好几天不说话。

热心的生活委员万佳宝见两人这样，就来劝汪梓良，让他先向海佳道歉，毕竟是他先把海佳撞倒的。梓良却很不服气地说："凭什么要我先向他道歉？明明是他先动手，我是不可能主动跟他求和的。"佳宝无奈，只能去劝潘海佳，但

他也不肯先道歉。见两人的态度如此坚决,佳宝也只能作罢。

经过几天的冷静思考,梓良认为确实是自己有错在先,也觉得如果因为这一点小事而与这么好的朋友绝交很不值得,自己应该向海佳道歉,但他却有些磨不开面子,就是开不了这个口。同样,潘海佳也认识到了自己的错误,知道自己动手不对,但也不好意思先去道歉。

### 专家解读

每个人都会犯错,不管是成年人还是孩子;每个人都有自尊心,很多人觉得犯错了去道歉会很没面子,是件很伤自尊的事情。这一点在青少年身上体现得更加明显,他们的自尊心更强。因此,即使伤害了别人也不愿意承认,更不想低下头去道歉。

其实,道歉不是什么可耻的事,反而能体现自己的真诚,增强对方对自己的信任,勇于向对方道歉还能体现自己的涵养。

伤害别人后,要勇于向对方表达自己的歉意,去维护你们的友谊。同时道歉也要讲究方法和技巧,掌握了这些方法和技巧有助于增加道歉的成功率,消除彼此间的隔阂。先向对方道歉体现的是一种勇气,而会道歉体现的则是一种智慧,两者结合才是真正有作用的道歉。

首先,道歉不宜拖延,有时一句话可以解决的事情,却因为拖延而造成终身遗憾。另外,道歉一定要真诚,缺乏诚意的道歉不仅不能消除误会,甚至还会加深矛盾。

其次,道歉是一门艺术,方式多种多样。比如,可以送对方一件小礼物来表达歉意,或通过第三方替自己致歉,或写一封诚恳的道歉信等。不论是什么形式的道歉都必须有诚意,要让人感觉到你真正认识到了自己的错误。

最后,如果是自己有错在先,就要给对方时间,让对方将心中的怒气发泄出来。否则如果对方的不满情绪淤积在心里,即使表面上接受了你的道歉,最终你们也会分道扬镳。

**延伸阅读**

道歉要及时,态度要真诚。

采用灵活的道歉方式。

**如何道歉才能更容易让对方原谅你**

要给对方发泄不快的机会。

儿子,道歉并不丢人,而是真挚和诚恳的表现,这是有担当的男子汉行为。每个人都会犯错,但不代表每个人都会道歉。

同学或好朋友之间有时候会因为一些小事闹矛盾,这是很正常的。但生闷气、冷战绝对不是解决问题的办法,只有真诚地沟通与交流才是正确的解决方法。一定要勇于承认自己的错误,将事情尽快解决,不要想着拖延,或是为了面子而不愿意低头。如果因为这些小事让自己失去一个要好的朋友,将是你最大的损失。

## 结交益友,拒交损友

**青春期小档案**

| | |
|---|---|
| **姓名** | 任振华 |
| **爱好** | 摄影、阅读 |
| **特点** | 机灵、好学、重感情 |
| **事情** | 结交了一位爱上网的朋友,学习成绩一落千丈 |

### 被带坏的振华

振华是一名初三学生,还有一百多天就要中考了,但他最近的学习状态让人非常担心。这一段时间,振华经常和朋友去网吧玩游戏,在上次的月考中,他的成绩下降了很多。

振华是一个非常聪明的好学生,从小就很机灵。上小学时,他成绩总是接近满分,左邻右舍都非常羡慕振华的父母,总夸他们的儿子有出息。

上了初中,振华与离异家庭的孩子陈陶关系很好。陈陶家离振华家不远,振华的父母觉得陈陶很不幸,对其很同情。每次陈陶来找振华玩,他们总会留他在家吃饭;逢年过节给振华买礼物时,也不忘给陈陶买一份。在这种情况下,振华和陈陶关系越来越好,整天形影不离。

可能因为家庭关系，陈陶在学习上并不上心，而且不知从何时起玩起了网络游戏。在陈陶的影响下，振华也迷上了网络游戏，甚至去网吧玩游戏。父母和老师苦口婆心地劝他，却抵不上陈陶的一句话。在初三的寒假，振华几乎天天与陈陶一起上网玩游戏，父母不给零花钱，振华也不担心，因为好朋友陈陶有钱。

由于网吧人员复杂，很容易让人学坏，于是父母给振华买了一台电脑，想让他在家上网学习，没想到陈陶从此天天到振华家里来，还鼓动振华逃学。因为同情陈陶的身世，振华的父母没有狠下心把陈陶赶走，只是骂自己的儿子，但振华根本不将父母的话放在心上。

最终，振华的父母下定了决心，为了振华的学习成绩，不再让陈陶来家里，但这仍然阻拦不了两人一起去玩游戏。父母劝振华不要和陈陶在一起玩，振华却说陈陶只有他这么一个好朋友，如果他不理陈陶，就没人会管他了。振华的父母沉默了，害怕再这么逼迫下去振华会走极端，但也不能眼睁睁地看着他沉迷于游戏中，一时间陷入了两难的境地。

## 专家解读

真正的朋友关系是亲切的、平等的、友好的、互相信任的，可以很好地满足青少年的交往需求。好朋友之间容易吸收对方的思想、观点，学习对方的行为方式。如果你的朋友是你敬佩的人，那么你可以将其当作榜样，朝着他的方向去努力。

无数事实证明，许多青少年厌学、偷窃、酗酒，做出一些不道德的行为，均与他们结交了不良朋友有很大的关系。例如，有些青少年吸烟是因为朋友吸烟，或同伴经常宣扬"不吸烟不算男子汉"的怪论；有些男孩子早恋是因为他的朋友认为这是一种"很潮"的行为。

因此，青少年一定要提高自己的分辨能力，结交真正的朋友，远离那些引你入歧途的人。这就需要树立正确的是非观念，明白什么是对自己有益的。

> **延伸阅读**
>
> 什么是真正的好朋友该做的？
>
> | 诚实 | 尊重 | 真诚 | 说真话 | 宽容 |
> |---|---|---|---|---|
> | 好朋友不管什么情况下都应该是诚实的。 | 好朋友应该做到互相尊重。 | 好朋友要真诚相待，无论有什么困难，都应互相帮助。 | 好朋友不会害怕告诉对方真相，总会在你走偏的时候对你说真话，把你拉回正路。 | 好朋友是会相互宽恕的。因为人无完人，谁都会犯错误，只要不触及原则，就要互相体谅。 |

**爸爸说给青春期男孩的话**

儿子，或许你会认为爸爸管得太多了，连你在学校结交什么朋友都要管。爸爸不会约束你的交友方式，只是见过太多因为青春期结交了不良朋友而误入歧途的孩子。我知道，你长大了，不愿意听父母的话，不愿意听老师的建议，但你却对朋友言听计从。

真正的好朋友是在你面对困难时，给你提出建议，与你共同成长的人，而不是带着你逃课、上网的人。那些经常带你逃课、上网的人，并不是你真正的好朋友，你要学会区别对待。真正的友谊是要找志同道合的人，而不是臭味相投的人。

# 青少年，应与孤独"绝缘"

青春期小档案

**姓名**　　黄玉轩

**爱好**　　看书、练习书法

**特点**　　安静、内向

**事情**　　不爱说话，渐渐被同学孤立

## 被班里同学孤立，怎么办

　　玉轩是个安静的男孩，平时喜欢看书、练习书法，在班里不怎么说话，也没有聊得来的朋友，班里组织的集体活动他也不喜欢参加。课间休息时，他要么趴在课桌上发呆，要么就一个人到操场上走；体育课进行分组活动时，他必然是落单的那一个；放学回家路上，他也是一个人。

　　其实玉轩内心很孤独，每次放学后看着同学们三五成群，有说有笑地离开，而自己总是一个人，他心里很不是滋味。

　　玉轩总觉得自己与这个集体格格不入。有几次课间休息，看到同学们高兴地一起聊天，他就凑上前去，想要拉近与同学们之间的距离。可让人想不到的是，看到玉轩走过来，那几个同学互相使了个眼色，竟然马上散开了。面对这样明显的孤立，玉轩感到很失落，不断地问自己："我到底做错了什么？我不在他们就聊得很开心，是我惹到谁了吗？为什么我交不到一个知心的朋友呢？"

### 专家解读

青春期的你是不是也有过这样的经历呢？因为不爱说话而在班级中没有存在感，渐渐地被同学孤立。遇到这种事情你是自我封闭，还是敞开心扉，积极地与同学交流？

调查显示，青春期的孩子一方面想表现出独立和成熟，另一方面又特别希望和别人交流，但不愿意敞开心扉，于是就有了挥之不去的孤独感。为什么到了青春期会觉得孤独呢？

美国学者认为，导致青春期孤独的原因主要有以下三个。

第一，青春期的孩子没有进行准确的自我定位，不能深刻地认识自己。当别人的言行举止让自己感到不高兴时，你就会想"是不是因为我长得难看""是不是别人觉得我不值得关心"等，这是感到孤独的最重要原因。

第二，青春期的孩子进入新的学校，一时难以融入新的班集体，又与之前的好朋友渐行渐远。结交新朋友并不是一件容易的事情，一旦结交失败，内心就会受到很大的打击，这也是造成孤独感的原因之一。

第三，对朋友的期望过高。当好朋友在身边时，你就不会感到孤独。但是好朋友不可能总是陪在你身边，不可能总是那么细心周到地对待你，所以，当他们不在身边或者跟别人谈笑风生时，你的内心就会感到失望。越失望，你就感到越孤独。

如果这种孤独感没能及时消除，日积月累，你就会变得孤僻、冷漠，还会产生以下问题。

一、社会交往障碍。缺少社会交往是青少年感到孤独的关键，而孤独又使男孩羞于交往，这样就形成了恶性循环。

二、语言沟通障碍。孤独感强烈的男孩一般不太喜欢说话，他们更多的是以沉默的方式去应对。他们不会主动与人交谈，常常自言自语，别人不懂他们的想法，他们总是在自己的小天地自娱自乐。

青春期原本就是一个极易烦躁、极易陷入内心孤独状态的时期。心理学家斯普兰格说："没有谁比青年人在孤独的小屋里更加憧憬窗外的世界了，没有谁比青年人在深沉的寂寞中更加渴望接触和理解外部世界了。"

**延伸阅读**

*如何调节情绪，摆脱孤独？*

把所遇到的困难和问题罗列出来，当你在纸上写出来后，你会发现这些所谓的困扰，都可以轻松化解。

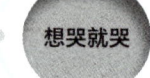

不要总是想着"男儿有泪不轻弹"，想哭的时候就哭出来，哭泣能缓解压力与孤独。

你会感到孤独，归根结底是因为你缺少朋友，不妨多结交一些真诚的朋友，这样能在很大程度上减少孤独感。

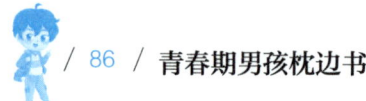

儿子，当你进入青春期后，你或许会时常冒出这样的想法：这个世界上没有一个人能理解我。其实这些都是你自己的想法。因为这个时期的你变得敏感，很多细微的感受会在这个阶段被放大。

你和我们开始有了意见冲突，你渴望独立，渴望结交新朋友。当你的一系列想法和做法受阻时，你就会受到打击，并且感到孤独。

儿子，爸爸希望你不要失望，现在你需要忍耐和等待，随着你不断成长，会渐渐摆脱孤独寂寞感。

# 第6章
# 文明上网：别让网络伤害你的健康

互联网时代信息十分发达，足不出户即可知晓天下事。在网上我们可以传输文件、交流想法、查阅资料，十分方便、快捷。但网络是一把双刃剑，如果青少年沉溺其中，这将对他们的身心健康极为不利。

网络是个虚拟的世界，真真假假、假假真真，很难辨别。现在的网络诈骗越来越多，网络引发的社会问题日益严重，减少上网时间对青春期的孩子有益无害。

# 网恋是"披着羊皮的狼"

**青春期小档案**

| | |
|---|---|
| **姓名** | 白康宁 |
| **爱好** | 上网、集邮 |
| **特点** | 幽默、开朗 |
| **事情** | 与网友谈恋爱，学习成绩直线下降 |

## 网恋终究只是一场空

网络社会如此发达，谁没几个网友呢？康宁就有很多网友，每天晚上做完作业，与网友聊天是他最开心的事情。因为康宁很会讲故事，说话幽默风趣，很多网友都愿意和他聊天。在众多网友中，康宁最喜欢与"若如初见"聊天。这位"若如初见"经常给康宁发一些她写的小诗，康宁觉得诗写得很好。

随着联系频繁，两人开始无话不谈，熟悉程度也日益加深。有时收不到对方的消息，康宁就会感到很不安，他觉得自己可能是恋爱了，而且还是网恋。但他并不后悔，坚信自己与"若如初见"会有结果。上个月的一天晚上，康宁鬼使神差地发出了"做我女朋友吧"的信息，信息发出后，康宁紧张地盯着手机屏幕，感觉度日如年。没过多久，康宁收到了对方肯定的答复："好哇！"文字后还有一个欣喜的表情。

此后，两人的联系更加紧密，聊天越来越频繁。令康宁欣喜的是，两人在同一个城市，而且距离很近。因为经常与"若如初见"聊天，上个月的月考，康宁成绩下滑，从上游掉到了中游，遭到了父母与老师的严厉批评。但康宁根本没有把父母、老师的话放在心上，依旧天天与自己的"女朋友"聊天。

终于，康宁鼓起勇气约"若如初见"在一家商场见面，虽然一开始遭到了拒绝，但在康宁的再三邀请下，"若如初见"最终答应了，见面时间定在周日上午10点。那天，康宁一大早便起来打扮，想要给自己从未见面的"女朋友"留个好印象。9点50分，康宁来到约定的地点，等了好久，也没见对方来。在网上给"若如初见"发消息，也一直没有回复，康宁很失望。一直等到中午12点，妈妈打电话叫康宁回家吃饭，康宁才明白过来，原来自己被人放了"鸽子"。

回到家后，康宁吃不下饭，躺在床上一直给"若如初见"发消息，但仍旧没有收到回复，康宁猜想也许是对方把他拉黑了。但究竟是为什么，康宁怎么也想不明白……

### 专家解读

网络有着巨大的魅力，它能让陌生的人相识，就算两人天各一方，也能因为网络而显得没有距离感。我们生活的世界因为有了网络而更加精彩。一些青少年会感叹网络的神奇，他们经不住网络的诱惑，被网络的神秘深深吸引，深陷其中而不能自拔。

青春期的孩子学习任务重、心理压力大，平时老师、家长与他们沟通很少，所以，上网交朋友、聊天成为他们缓解压力的一种方式。这种方式打破了现实中异性交往的限制，而且父母和长辈很难知晓，这让他们找到了自由的空间，因此会在网络中尽情宣泄自己的情感。青春期是男孩情感萌发的时期，他们对异性充满好奇，加上网络为他们提供了快捷的方式，他们可以肆无忌惮地表达对异性的好感。

从某种意义上来讲，很多网恋往往是在跟自己幻想中的人交往。因此，当网恋遇到现实，很有可能因为对方与你想象中的形象不符而导致关系破裂，这也是很多网恋"见光死"的原因之一。

遗憾的是，有很多孩子把虚拟的网络空间当成了现实，陷入网恋不能自拔，甚至荒废了学业；还有一些人为了去见网友，不惜离家出走，给家庭和学校造成一定的困扰；更严重的是，有许多孩子因为见网友而遇到危险，甚至失去了生命。因此，青春期的男孩一定要提高警惕，不要陷入网恋的旋涡中。

### 延伸阅读

网恋靠不靠谱？

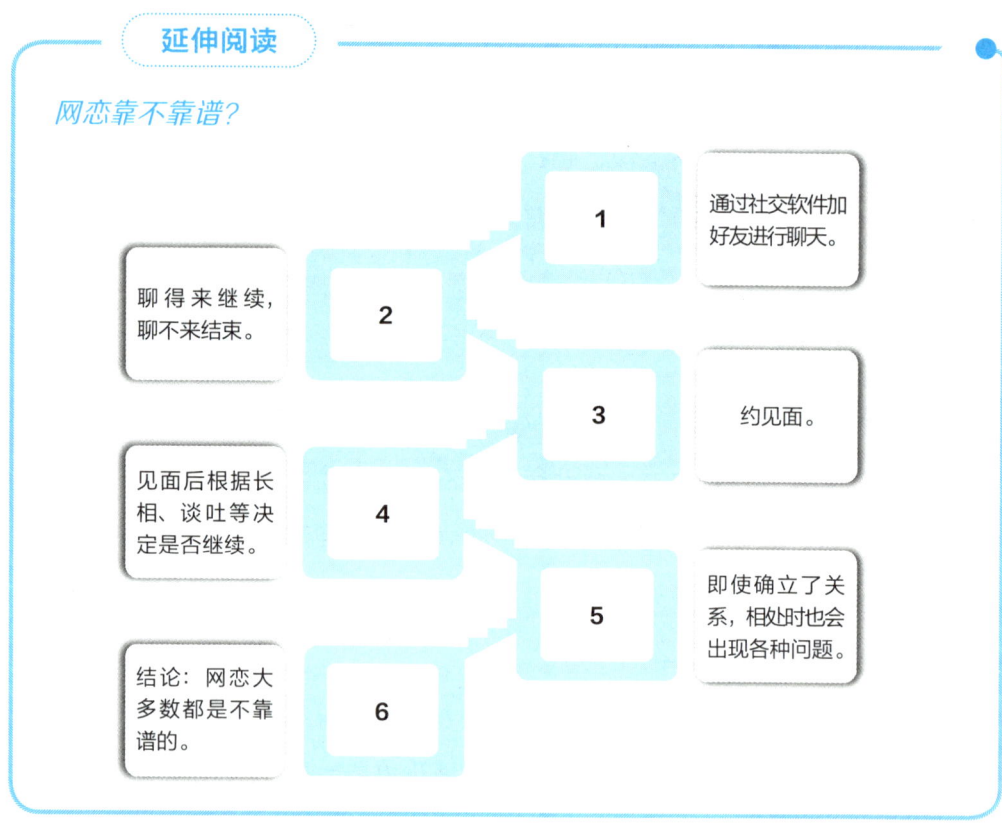

**爸爸说给青春期男孩的话**

现在很少有人在别人面前流露真情实感与内心想法，因此我们也难以坦诚地向别人倾诉。在虚拟的网络世界中，我们可以抛开所有的伪装，大胆表露内心的想法，这样的交流在一定程度上确实拉近了人与人之间的距离。

在现实生活中，也许你很难将"我爱你"三个字说出口，但在网络中，你却可以大大方方地将其发给网友，可以把亲吻和拥抱送给别人，给喜欢的人送花，也可以大胆地给心仪的人写情书。所有这一切，虽然都是虚拟的情景，却让人感到真实和亲切，与现实中的恋爱一样，让人怦然心动。

网恋的魅力在于网络的虚幻，而这种虚幻也恰恰是它的危险之处。如果天真地认为网络是一片乐土，从而流连忘返，这是非常危险的。儿子，爸爸想告诉你的是，网恋的浪漫基于虚拟之上，最多只能成为生活的调味品，万万不可将其当作"大餐"来对待。如果你沉迷其中，把网恋当现实，有可能得不偿失。

当然，也有许多人在网上相识、相爱，在现实中也成了恋人，并且相处得不错。但这并不能说明所有的网恋都有美好的结局，更多的网恋是"见光死"。有人曾经说过："网络通常会产生三种人，第一种人在网上突出他的次要性格，第二种人在网上把自己变成他希望成为的那种人，第三种人在网上把自己变成不可能成为的那种人。"网络上的人总是戴着面具，你在网上喜欢的某个人的某种性格，在现实中她可能完全是另一种性格，或许这就是网恋成功率较低的原因吧。

网恋是否真实，不同的人给出的答案也不同，它与现实中的谈情说爱并没有本质差别。换句话说，"网"只是两个人之间的交流工具，如果你把网络聊天当作一种缓解压力、宣泄情感的方式，那未尝不可；如果你太当真，甚至答应对方见面的要求，爸爸不得不提醒你小心些。现在你还没有踏入社会，对社会缺乏了解，因此要提高自我防范意识。尽管我们不能武断地对网恋说"不"，但慎重对待，提高自我保护意识，还是很有必要的。

# 网游别玩过火，暴力不要带入生活

青春期小档案

**姓名**　　谷元嘉

**爱好**　　上网玩游戏

**特点**　　鲁莽、固执

**事情**　　在与同学一起玩游戏的时候，因为争执打了起来

## ❄ 游戏引发的"战争"

男同学之间，谈论最多的就是游戏，很多同学都喜欢玩游戏，有玩《梦幻西游》的，有玩《穿越火线》的，还有玩《英雄联盟》《王者荣耀》的。这些游戏元嘉都在玩，下课时间，他经常和同学们一起玩《王者荣耀》。

这天，班里五个爱玩游戏的同学聚在一起玩《王者荣耀》。元嘉和栎鑫一起走下路，元嘉是辅助，栎鑫是输出。在"追杀"一个敌人的时候，元嘉不小心多打了敌人一下。栎鑫生气地说："你这是什么意思？不知道要让给输出位吗？能不能玩了？"

元嘉知道栎鑫这人脾气大，也不想和他争吵，就说了一句："对不起，我不是故意的。"栎鑫却没有理会元嘉的道歉，仍旧自顾自地说："再也不要你这样的人来给我打辅助了。"元嘉也有些生气，不过栎鑫说完之后也没再说话，于是两人又把注意力转到了游戏当中。

几分钟后，元嘉又失误了，他赶忙说对不起，同时暗怪自己今天的手怎么这么欠。不过元嘉的道歉丝毫没有效果，栎鑫一拍桌子，大声说道："谷元嘉，你这是什么意思？你故意和我作对呢吧？"

听到他的话，元嘉火冒三丈，不甘示弱道："你说的是什么话？我都说了，不是故意的！故意找碴是吧？我看故意作对的人是你！"说着，他放下手机，抡起拳头就冲了上去。栎鑫也迎上来，两人扭打在一起。

旁边的同学一看拉不住，赶忙去找老师。不一会儿，李老师赶来，喝止住了两人。不过此时，栎鑫的鼻子已经被打得流血了，元嘉的脖子上也被栎鑫抓出了几道血痕。李老师把两人带到办公室，问清楚动手的原因后，狠狠地批评了两人，还要通知家长，让两人在办公室反省，等着家长过来。

一听要通知家长，元嘉心里忽地一颤，他很后悔，后悔自己不该这么冲动，怎么会因为一个游戏就跟同学打起来了呢？栎鑫显然也在担心家长来之后怎么办，两人对视一眼，忽然生出一种同病相怜的感觉。

### 专家解读

玩游戏本身并没有错，好多体育项目最开始都源于游戏。人们除了工作，也需要用游戏来调节一下。然而，对于青春期的男孩来说，因为缺乏自制力，他们很容易沉迷其中，使生活变得不规律，还有可能会百般逃避甚至放弃学业。

现在的网络游戏，有一些是打打杀杀的暴力游戏。据调查显示，经常玩"暴力游戏"的未成年人对生命表现得冷漠、麻木。对于生理、心理都还未完全成熟的青春期男孩来说，一旦在现实生活中遇到矛盾和冲突，他们便会倾向于采用暴力的方式解决问题。

更严重的是，如果青少年沉溺于网络游戏，分不清现实与虚幻，那就容易

形成一种病态。新闻曾报道初中生躲在草丛中，突然跳出来拿棍子打行人，这就是分不清现实与网络的表现。在我国13～17岁的青少年中，有62%的男孩喜欢玩网络游戏，并且这个比例还在不断上升。

对于青春期男孩来说，沉溺于网络游戏有百害而无一利，无异于自毁前程。因网络游戏而走上违法犯罪道路的青少年不在少数，因此，青少年一定不要沉迷于网络游戏，而应文明健康上网，度过美好的青春期。

### 延伸阅读

#### 沉溺于网络游戏的危害

**1　危害身体**

经研究发现，长时间沉溺于网络游戏会让人产生精神依赖，影响人的视力，导致体内激素水平失衡、免疫功能下降，反应能力下降、产生幻觉，引发心血管疾病、关节炎等，严重时甚至可能导致死亡。

**2　影响学习**

长期沉溺于网络游戏，会导致学习时间减少，上课走神，精神不集中，难以取得好成绩。

**3　影响道德观、性格的完善**

网络游戏大多血腥暴力，青春期的男孩自制力较差，很容易受到影响。另外，沉溺于网络游戏还可能造成孩子在现实中缺乏与人交流的能力，变得自私、暴力等。

**爸爸说给青春期男孩的话**

亲爱的儿子，爸爸不会完全禁止你玩游戏，但我希望你尽量少花一些时间在游戏上。因为不管网络游戏让你多么开心快乐，它也只是一个虚幻的世界，我们最终还是生活在现实中。

另外，一定要将现实社会与虚拟世界分开，不要将游戏中的抢劫、杀人等暴力行为带到现实生活中来，这样是很危险的。因为在现实社会中这么做意味着犯法，爸爸不希望你因为游戏毁了一生。

第 6 章 ／ 文明上网：别让网络伤害你的健康 ／ 97

## 微信"朋友圈"陷阱多

**青春期小档案**

**姓名**　　燕博通

**爱好**　　玩手机、下象棋

**特点**　　善良、孝顺

**事情**　　中了微信"朋友圈"的圈套

### ❋ 心疼，我的零花钱

博通班上大多数同学都有手机，他们班级还建了一个微信群，大家经常在里面聊天，平时在班里不怎么说话的同学也会参与进来，同学之间的距离感一下子就减少了。

上周六，博通发现同学王博明在朋友圈中转发了一条"好友合体抢红包"的消息，于是就问他是不是真的。王博明回复说："不知道，不过咱俩可以试试。"博通想："试试也不会有损失，万一是真的，那就赚到了。"于是他点开了那条链接，按照提示输入了手机号和微信支付密码。之后他点开了那个红包，居然抢到了 666.6 元。博通见到这个红包很高兴，自言自语道："幸运数字呀！"博通微信钱包里都是自己攒下的零花钱，差不多也有这么多。

正当博通暗自高兴时，突然接到了王博明发来的语音聊天请求，他以为对方要炫耀得到的红包，就点了接受。聊天接通后，王博明慌张的声音就传了过来："博通，点开那个红包之后，我微信里边的零钱全都没了，你那边怎么样了？"

"怎么会？我刚刚收到六百多元红包呢！"博通诧异地说道。不过博通还是有些担心，因为刚才的红包金额与自己微信零钱里的数字差不多。博通点开微信钱包，发现自己的零钱也全都没了，顿时心中一凉。

"怎么样啊？"电话那边的王博明问道。

"什么怎么样？我的零花钱也没了！"博通说完，就气冲冲地挂断了语音，把手机重重地摔在床上。这笔钱虽然不多，却是博通三个月辛辛苦苦攒下来准备给爸爸买生日礼物的。这下全泡汤了，博通暗恨自己竟然这么傻、这么好骗。

### 专家解读

微信渐渐地被人们称为"危信"，因为"朋友圈""摇一摇""扫一扫"中混入了很多骗子，他们悄悄地设下一个个骗局，就连社会经验丰富的成人也有不慎落入骗子圈套的时候，何况涉世未深的青春期男孩。

现在的骗子十分厉害，诈骗手法也是层出不穷，诈骗广告、短信、中奖信息等，让人防不胜防。缺乏社会经验、心思单纯、警惕性不高且好奇心较强的青少年，非常容易被各种骗术迷惑，丧失基本的判断力。

面对"朋友圈"里的各种陷阱，大家应该多加留心，不要被别人的花言巧语迷惑，千万不要相信"天上掉馅饼"的美梦，以免自己上当受骗。现实中有很多真实的案例，无论骗子的手段多荒诞，偏偏就有人心甘情愿上当。原因就在于他们总以为自己会被"幸运女神"眷顾。这种错觉让他们钻进了骗子设计好的圈套，做出一系列错误的决定。

博通有这种心理不足为奇，事实上人人都会存有侥幸心理，但我们一定要明白天上不会掉馅饼。那些突然降临的便宜，很可能只是一个陷阱，你越是被

它吸引,上当受骗的概率就越高。所以当有这样的"好事"出现时,一定要仔细甄别,确定不是骗人的伎俩后再做决定。

其实很多骗术都有破绽,因为骗子想要从你这里盗走钱的前提是你输入了支付密码,只要遇到让你输入支付密码的界面就马上停止操作,并关掉界面,这样骗子就无法从你这里把钱骗走。之后你可以向警方举报,以防别人上当受骗。

### 延伸阅读

**现今微信诈骗的几种常见骗术**

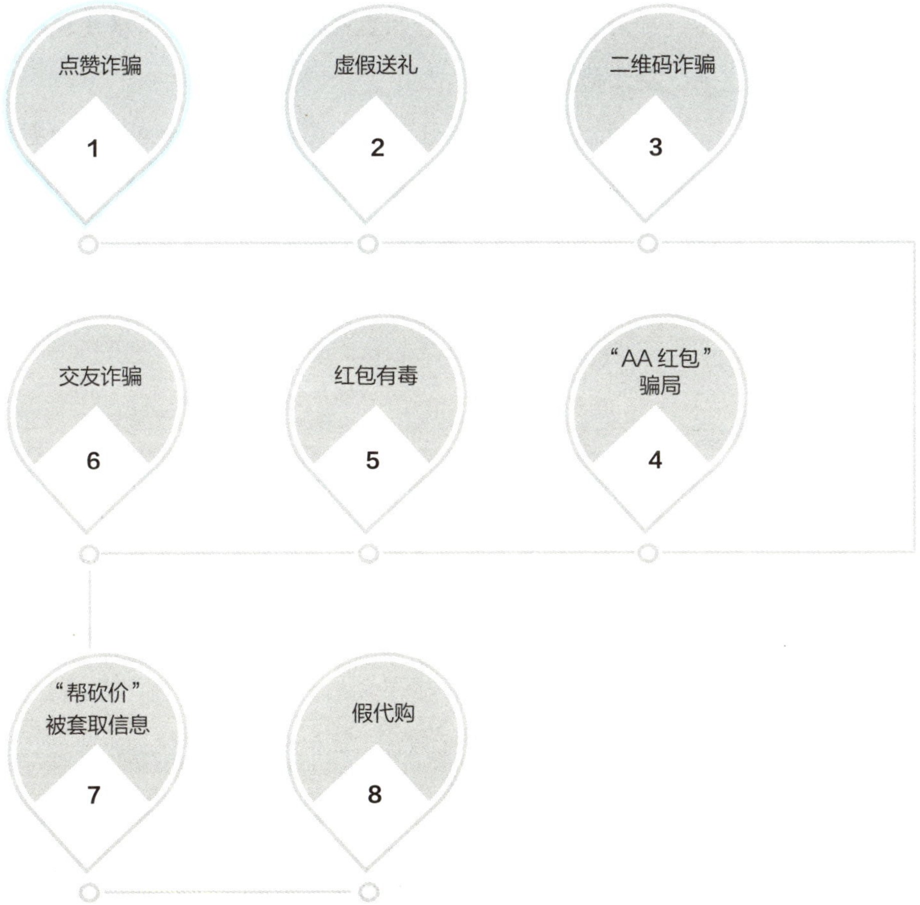

1. 点赞诈骗
2. 虚假送礼
3. 二维码诈骗
4. "AA红包"骗局
5. 红包有毒
6. 交友诈骗
7. "帮砍价"被套取信息
8. 假代购

爸爸说给青春期男孩的话

儿子,现在微信"朋友圈"里陷阱很多,骗局也五花八门,爸爸担心单纯、善良的你会被骗。其实许多骗局破绽百出,骗子之所以能得逞,无外乎是利用人们爱贪小便宜和抱有侥幸的心理。

爸爸在这里想告诉你一些防止被骗的方法。最重要的一点是先给自己一个长期的心理暗示,即任何人跟你谈钱,都要仔细甄别、分析。另外,有些骗子的演技很拙劣,可用表情洞察法,仔细观察他们的表情,如果发现疑点,要立刻果断拒绝。

最后,爸爸想说,上网时一定要擦亮眼睛,要仔细鉴别,不要让那些所谓的"免费午餐"蒙蔽了双眼,丧失理智。

# 摆脱手机瘾，不做"低头族"

青春期小档案

**姓名**　　温天豪

**爱好**　　玩手机、看小说

**特点**　　安静、敏感

**事情**　　经常在课堂上玩手机

## 上课玩手机的恶果

天豪一直是品学兼优的好学生，老师发现他最近上课总是无精打采，十分疲惫，有几次甚至在课堂上睡着了。老师问天豪是不是很晚才睡，并告诉天豪不管晚上有什么事情都不要睡得太晚，否则会影响第二天的精神状态。

原来，自从天豪买了手机后，他每天晚上回到家，都会用手机上网，玩游戏或看小说，玩着玩着就忘了时间，经常到凌晨才睡。之前，天豪放学回家写完作业后，都会预习一下第二天的功课；现在，因为手机的诱惑，天豪对功课经常敷衍了事，一般写完作业便拿出手机玩游戏或看小说。不仅如此，有时走在路上他都要低头玩手机，好几次都撞到了电线杆，但天豪还是不愿意改掉这个坏习惯。

在课堂上，天豪根本无法集中精神听课，上课老是睡觉，成绩一落千丈。老师几次提醒天豪玩手机要有节制，可天豪就是不听。

### 专家解读

网络上把经常拿着手机刷"朋友圈"、玩游戏、看视频或者逛淘宝这些人称作"低头族"。

"世界上最远的距离不是生与死,而是我们坐在一起,你却在低头玩手机。"这是网络上对"低头族"的调侃。有医学专家进行过专门的研究,人类头部的前屈极限是45°,在低头看手机时,我们大多数人的前屈幅度达到30°,这会严重地损害颈椎,如果长期处于这样的状态,很有可能会患上颈椎病。

苏州有一名高二女生因长期低头看手机导致颈椎间盘突出8毫米,压迫到脊髓,患上了严重的脊髓型颈椎病。

在新闻中也可以看到有人因为走路的时候低头玩手机而导致的恶果:有的掉进坑中受了伤;有的因为走路玩手机出了车祸;还有年轻的父母因为玩手机忘了照顾身边的孩子,导致孩子被撞伤……

这样的事情已经屡见不鲜,难道还没有为你敲响警钟吗?诚然,作为一个生活在现代社会的人,不可能完全摆脱手机,但我们在工作、学习、走路、办正事的时候,放下手机还是非常有必要的。

第 6 章 / 文明上网：别让网络伤害你的健康 / 103

### 延伸阅读

*1. "低头族"的表现*

1. 手机不在手边便会坐立不安。
2. 睡觉也要开着手机。
3. 常常觉得手机在响、在振动，拿出来看并没有信息进来。
4. 总看手机是否自动关机了。
5. 因手机没有信号或信号减弱而烦躁不安。

*2. "低头族"的危害*

**人身安全**
许多交通事故与司机或行人低头看手机有关。

**心理疾病**
如社交障碍、心理障碍、情感冷漠等。

视力下降、眼部干涩、疲劳。

易导致颈椎变形。

容易长双下巴，还会使颈部松弛提早5年。

### 3.如何让"低头族"抬起头来

- 只下载必要的 APP
- 关闭手机的消息推送提醒
- 让自己忙起来
- 利用手机软件或智能穿戴设备提醒
- 加强户外活动
- 养成不看手机的习惯

如何让"低头族"抬起头来,让手机回归"工具"的角色

---

**爸爸说给青春期男孩的话**

儿子,你知道吗?爸爸不想你把美好的青春时光浪费在手机上,屏幕之外还有更精彩的现实世界等你去发现。

生活从来不缺乏精彩,但需要你放下手机,抬起头,自己去寻找。公园的花开得正艳,路边的小草冒出了嫩芽,蓝天白云对着你微笑……这些美景,就在你的身边,你不要只顾低头看手机,忽视了多姿多彩的世界。

最后,爸爸想要你明白,如果你连手机都不能控制,那将如何控制自己的人生?

# 第7章
# 心态调整：学会调整情绪

进入青春期的男孩，生理、心理方面发生了显著的变化，情绪波动大、浮躁、郁闷等情绪在这个时期表现得尤为明显。当出现这些情绪时，孩子一定要学会及时调整，不要让这些情绪影响了学习和生活。要积极主动地适应环境，乐观热情地面对现实，提高自身素质和修养。

# 为什么你总觉得郁闷

**青春期小档案**

| | |
|---|---|
| 姓名 | 荆云 |
| 爱好 | 写作、记周记 |
| 特点 | 悲观 |
| 事情 | 被班主任教训，心里很委屈 |

## ❋ 初二男孩的日记

下面是荆云写的一篇周记，字里行间充满了郁闷的情绪，透过荆云的讲述，我们来看看青春期孩子的内心世界。

"好久没写周记了，今天心情很糟糕，有感而发，想写点东西。我感到很郁闷。今天早上打扫卫生的时候，因为地上有一张废纸片没及时清理掉，检查卫生的老师扣了班级的卫生分。班主任很生气，当着全班同学的面批评我做事粗心，态度不端正。当时我真的很想哭，但是堂堂男子汉，有泪不轻弹！所以我努力忍住了。

"放学回家的路上，想起今天的遭遇，我感到很委屈，眼泪竟不由自主地掉了下来。作为一个男生，我是不是太脆弱了？男孩就该坚强，可是，说坚强我就能真的做到吗？唉，为什么越来越喜欢抱怨了呢？为什么莫名其妙地伤感了呢？为什么忍不住对身边的人发脾气呢？不仅让别人郁闷，自己也郁闷，何苦呢？"

### 专家解读

"郁闷"已成为很多学生的口头禅。曾有媒体对高校的流行语进行了一项调查,结果发现"郁闷"一词以55.2%的得票率高居榜首。在这个衣食无忧的时代,孩子为什么感受不到幸福,体会不到快乐呢?在沟通方式如此多样化的时代,孩子为何感到孤独和郁闷呢?

许多家长对青少年的郁闷情绪大为不解,青少年也不知道自己为何会如此郁闷。

事实上,青少年的郁闷心态大致分为三种类型:

第一种是调侃式的。他们只不过是随口一说,并非真正郁闷,对于他们而言,"郁闷"只是口头禅,只要稍有不顺,就大呼"郁闷",并没有实际意义。

第二种是适应不良型。他们适应能力较差,在人际交往、校园生活、学习等方面遇到问题时,就会感到郁闷。

第三种是确实存在心理困扰、精神忧虑。

对于出现后面两种情况的青少年,我们应给予特别关注。

青少年进入青春期后,生理和心理都发生了较大的变化,存在一定的思想困惑,加之学习压力较大,父母的期望值较高,有的人无法轻松应对学习和生活。一旦遇到不顺心的事情,情绪就容易波动。随口说出"郁闷"也是一种心理宣泄,就像唉声叹气一样,叹气之后会感到心情舒服一些。

心理专家表示,如果郁闷情绪长期积累,对青少年的成长肯定是不利的。因此,青少年要学会调整情绪,积极主动地适应环境,乐观热情地面对现实,提高自身素质和修养。

**延伸阅读**

*调节情绪的办法*

| 1 | 2 | 3 | 4 |
|---|---|---|---|
| **摆正心态，自我调节** | **不必苛求自己完美** | **努力结交一两个知己** | **空闲时不妨"胡思乱想"** |
| 不要总抱怨。遇到问题从多个角度去思考，主动去适应环境，乐观热情地面对生活。 | 人无完人，每个人都有缺点，因此你要学会接纳自己的不足，让自己轻松一些。 | 遇到烦恼时，你需要的可能只是一个忠实的倾听者。如果你有一两个知己，那么当你有烦恼了，就可以向他们倾诉。 | "胡思乱想"有助于消除学习、生活中的紧张情绪，让身心放松，但要适可而止，不要沉溺于想象中。 |

儿子，当你在学习和生活中遇到困惑时，你是否会选择憋在心里？若选择长期憋在心里，你的心情也会受到影响。爸爸决定今后多抽时间与你谈心。爸爸知道你已经进入青春期，是一个大人了，在面对一些不顺心的事情时，你希望独立处理，学会自我调节，爸爸对此感到很欣慰。如果你遇到了过不去的坎，心情久久不能平复，爸爸也欢迎你敞开心扉和我聊一聊，我会从我的角度、用我的经验帮你分析，给你出出主意。

# 你为什么变得冷漠了

**青春期小档案**

**姓名**　付震远

**爱好**　滑冰、玩手机

**特点**　沉默、固执

**事情**　不喜欢与父母交流，在学校也不喜欢参加集体活动

## 不想和父母说话

在震远进入青春期后，父母越来越看不透他，因为父母觉得他越长大变得越冷漠了。小时候跟父母无话不说的震远，现在却要问一句，他才答一句，问多了还不耐烦。震远在学校也不喜欢参加集体活动，从来不主动和他人说话。

更让父母伤心的是，震远只知道关心自己，不考虑他人。有一次，爸爸生病了躺在床上，震远饿了就自己去买吃的，也不问爸爸想吃点什么，而且他在外面玩到很晚才回家。回到家里，他也不关心爸爸的病情，直接进入自己的房间，把门一关，做自己的事情了。

爸爸说，震远的行为让他很心寒，没想到震远会对父母如此冷漠无情，想不通为什么孩子越长大越不懂事。

其实震远知道爸爸妈妈很失望、很伤心，他的内心也很痛苦，有好多话想说，却不知道如何开口，每次话到嘴边，又咽了回去，无法向父母表达自己的真实想法。

**专家解读**

青春期的孩子认知水平不断提高，对事物也有了自己的想法。他们喜欢特立独行，性格有些极端，叛逆心较强。

进入青春期后，男孩身体逐渐发育，心理逐渐成熟，学习压力比较大，因此，他们可能会出现疲惫感、厌倦感，甚至不愿意说话，这是青春期的一种特殊表现。青春期的孩子思维比较活跃，但情绪不太稳定，当面临冲突时，处理问题的能力还不成熟，主要表现在和家庭成员的关系上。有些孩子会明目张胆地与父母"硬抵抗"，有些孩子则采取寡言少语的方式与父母"软抵抗"。很多青春期的孩子觉得自己长大了，和父母有代沟，没有共同语言，因而不愿意跟父母交流。

沉默寡言是冷漠的言语符号，但沉默寡言并非真的冷漠，有可能只是一种单纯的沉默。冷漠与沉默都表现为话少，但冷漠无情，沉默有情；冷漠让人无动于衷，沉默则深藏激情。

真正的冷漠是指对人对事态度很冷淡，有时甚至冷酷无情。国外心理研究者指出：在现代社会，很多青春期的孩子在心理上存在"三无"状态，即无动于衷，可以说是无情；缺乏活力，可以说是无力；漠不关心，可以说是无心。

冷漠的青少年在学校里对所学的知识漠不关心，没热情，对集体活动冷眼旁观，置身事外，一副"看破红尘"的样子。事实上，他们的智力和品格并不差，只是性格上存在某些问题。青少年长期冷漠容易导致性格孤僻，产生与世隔绝的心态，觉得一切都无所谓，生活毫无意义。严重的话，还会让人感觉空虚、狂躁，诱发抑郁症，继而产生轻生厌世的心理。

一些青春期的孩子表面上看起来冷冰冰的，实际上并不一定就真的很冷漠。青春期的孩子性格还不成熟，他们有时对父母态度冷淡，好像很冷漠，有时对同学、对集体却表现得很热情、很关心，这说明他们并不是真正冷漠的

人。沉默一般是当亲子关系出现矛盾时,为了逃避矛盾、避免矛盾升级而选择的表达方式。

> **延伸阅读**

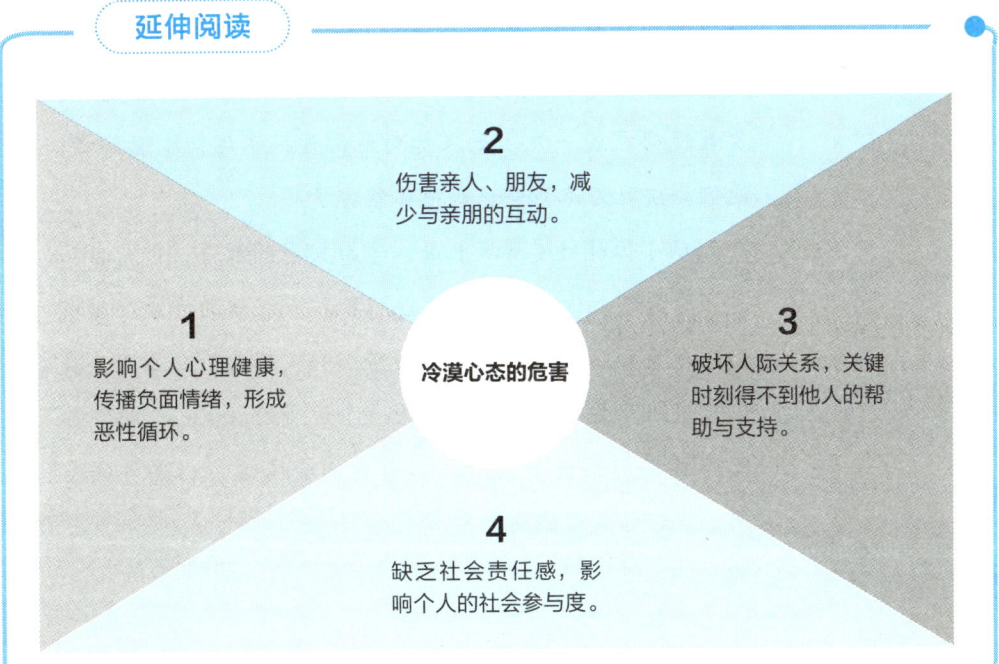

**爸爸说给青春期男孩的话**

儿子,爸爸发现,自从你进入青春期,与爸爸妈妈的关系变得冷淡了很多,你看起来对家里的事情漠不关心,但爸爸知道,你心里还是很在乎的。不过爸爸想通了,你这个年龄的孩子,有自己的心思和想法,有些事情你不愿意讲,宁愿藏在心里,因为你觉得说出来可能不被我们理解。其实你除了和同学、朋友倾诉,还可以和爸爸谈心,爸爸能理解你的想法。

我知道，有时候你可能觉得爸爸妈妈说话、办事太老套了，你因为害怕表现出对我们的不满，害怕引起冲突，所以不想理我们。爸爸很理解你的心情，你这么做也并没有错。爸爸想说的是，与其他人尤其是长辈交流时，要表现得礼貌一点。如果你对他们爱搭不理，冷漠待之，他们会误以为是爸爸妈妈把你教坏了。

从小你就接受尊敬长辈、孝敬父母的教育，但是自从进入青春期，你会不由自主地用抵抗或沉默的方式应对我们的教导和劝诫，觉得我们唠唠叨叨，不愿听。其实，我们只是出于关心，希望你成为一个优秀的好孩子。希望你能理解我们的良苦用心，以后我们会给你留出思考的空间，减轻你成长的压力。

# 爱攀比不是好现象

青春期小档案

**姓名**　　石乐智

**爱好**　　打游戏、唱歌

**特点**　　好攀比、好表现

**事情**　　为了与同学攀比，让父母买昂贵的鞋子

## ❋ 攀比的"疼痛"

不知从什么时候开始，乐智的班上刮起了一阵"攀比风"。虽然学校要求每天都穿校服，但对鞋子没做统一要求，所以唯一可以看出一个人"身价"的就是脚上那双鞋。每个人都在努力证明自己的价值，张扬自己的个性，很多同学在鞋子上下了不少功夫。若是谁穿了一双海外限量版的鞋子，那感觉真是比踩着风火轮还要威风。

有一天，同桌指着乐智脚上穿了两年的运动鞋，用嘲笑的口吻说："你怎么还穿这双鞋呀？"乐智一下子没回过神来，低头看了看自己的鞋子，又看了看同桌脚上那双新的黑色跑鞋，心顿时揪成了一团。不服输的乐智昂着头，一脸不屑，傲气地回了同桌一句："那怎么了？穿着很舒服的！"虽然这样说，但乐智小小的自尊心仿佛被狠狠地戳了一下，很疼。

有一次陪父母逛商场时，乐智指着商店橱窗里的运动鞋，委婉地跟爸妈提出要求："现在班里的同学都喜欢穿这个牌子的鞋。"爸妈也明白他的意思，虽然家里并不宽裕，但还是满足了乐智的要求，给他买了一双600多元的鞋子。得到这双鞋后，乐智满心欢喜。

乐智穿着新买的鞋子，自信地踏入教室，跟同学说话的时候会刻意地跺脚，以便让大家注意他脚上的鞋子。看到同学投来羡慕的眼光后，乐智心里美滋滋的。

## 专家解读

攀比心理既有积极的一面，也有消极的一面。积极的一面是理性意识驱使下的攀比，在一定程度上能够激发人的竞争欲望，让人更有动力；消极的一面是会产生巨大的心理压力，甚至自我否定，引发心理疾病。

事实上，每个人都有攀比和比较的心理，但对于心智发育还不成熟的青春期孩子来说，敏感的他们非常容易陷入恶性攀比中，尤其是青春期的孩子容易注重外在，如穿着、容貌等，为了外表经常要求父母购买漂亮的衣服、鞋子等。青少年之间很容易互相攀比，形成恶性攀比的风气。

攀比心理在很大程度上会影响一个人的情绪、行为，给人造成很大的心理障碍。在目前这个快节奏的社会，盲目攀比只会让自己的心理落差越来越大，渐渐地迷失自我，生活在他人的阴影里。

第7章 / 心态调整：学会调整情绪 / 115

**延伸阅读**

**如何减少攀比心理给自己的影响？**

"天外有天，人外有人。"
与别人相比永远比不过，
不如与自己相比。

**自我肯定**

经常鼓励自己，给自己积极的心理暗示。

**与自己比较**

**知足常乐**

很多时候，心态失衡是因为处处与人攀比，时常处于紧张状态，一定要注意调整心态。

**爸爸说给青春期男孩的话**

儿子，爸爸知道校园里有攀比的现象，同学之间比外貌、比衣服、比鞋子，就是很少比学习。这些爸爸都理解，因为爸爸也曾因为这些外在的东西不如别人而苦恼过。但爸爸想告诉你，这样的攀比对你有害无益。如果要攀比，不如把这种心态放到学习上。

对于学生来说，学习是这一阶段最主要的任务，过分地攀比那些外在的东西，会分散你们学习的精力，影响学习成绩，那就得不偿失了。其实每个人都有各自的身份背景、家庭条件，盲目地在这些方面进行比较，是非常不明智的。如果能够摆正自己的心态，不盲目与别人攀比，你的生活会变得更加快乐幸福。

# 你为什么总在意别人的看法

青春期小档案

| | |
|---|---|
| **姓名** | 白皓轩 |
| **爱好** | 打篮球、跑步 |
| **特点** | 敏感、爱出风头 |
| **事情** | 在篮球决赛中为了耍帅输掉了比赛 |

## 太在意别人的看法

皓轩是班里篮球队的主力队员之一。在上个月的一场篮球赛中,皓轩所在班级的篮球队闯入了决赛。同学们都很高兴,班主任也特地调整了课程,让班里的同学去为决赛加油。

决赛开始了,球馆内坐满了学生,班里女生组织的啦啦队卖力地为球队加油。皓轩非常兴奋,觉得这是展现自己风采的好机会。因此,每当皓轩运球经过班里的啦啦队时,他总要故意做出几个漂亮的动作,引来啦啦队队员们一阵呐喊。皓轩为了耍帅,在那场比赛中经常单打,不顾团队配合,结果输掉了决赛。

尽管输球了,皓轩却丝毫没有感到不开心,因为他觉得自己在同学们面前展现了一番风采。但令皓轩没有想到的是,他的过度表演却引起了同学们的不满,大家认为这次决赛输了,皓轩负主要责任。因为有好几次能够轻松得分的机

会，都因为皓轩的单打而错失了。虽然并没有人当着皓轩的面这样说，但后来还是被皓轩知道了。

皓轩一直很在意别人对自己的评价，本想趁着篮球比赛的机会在全班同学面前出风头，没想到弄巧成拙，最终得到这样的结果。同学们的议论让皓轩承受了很大的压力，他开始反思自己的行为。

### 专家解读

如果不是因为太在意别人的看法，想在全班同学面前出风头，也许皓轩就不会不顾团队配合而输掉比赛，那么赛后也就不用承受这么大的压力。皓轩的这一行为，归根结底是因为他太敏感。

所谓敏感，是指对外界事物的反应很快，容易对别人的言行举止进行深层次的揣测和思考。敏感在性格上表现为过度在意细节带来的感受和变动，并将之放大，然后给出相应的反应。如果过于敏感，人往往会因为小事而苦恼，同样也会因一件小事而开心。说得通俗一点，敏感的人心思较为细腻缜密，洞察力较强。

青少年都有极为敏感的心理，他们经常因为一些在别人看来芝麻大的事情而苦恼、郁闷，或是出于敏感心理而做一些莫名其妙的事情。心理过于敏感的青少年大都较为自卑、怯懦，而且容易自我伤害。如果青少年将这种敏感心理持续到成年，那将会影响整个人生。

青春期是青少年生理、心理发生急剧变化的时期，这一时期，身心逐渐成熟，自尊心也在不断增强，青少年与社会的接触逐渐增多，社会意识逐渐增强，希望得到别人的尊重和认可。

但"金无足赤，人无完人"，青少年在成长过程中，总会存在这样或那样的不足，这些不足会影响他们自我价值的实现，成为他们内心的"痛点"，一旦人们谈起，他们就会有被伤害的感觉。

**延伸阅读**

*引发心理敏感的原因*

**1 生理原因**

青春期的男孩对自己的外貌非常关心，如果身材不好（如过胖）、长相不好（如满脸青春痘），或是身高太矮等，一旦别人提到胖、痘痘、身高等话题或字眼时，他们就会认为是在说自己，情绪就会变得很激动。

**2 以往过失**

在成长的过程中，青少年多少都会有一些过失行为，这些过失行为曾让他们在精神上受到打击，所以害怕别人旧事重提，从而导致他们心理敏感。

**3 家庭原因**

家庭关系不和谐，会严重影响青少年的心理发展，导致孩子心理敏感。

**爸爸说给青春期男孩的话**

儿子，爸爸不知道你是否经常揣测同学、朋友的反应，在乎老师对你的态度，假如你有这样的心理，不仅会影响你与他人之间的正常交往，还会让你失去自我，失

去对生活的信心。爸爸在这里给你一些应对心理敏感的方法：

1. 找出自己的优点，取悦自己

自信是成功的第一秘诀，我们应该相信自己，没有人是完美的。心理敏感的人往往容易忽视自身的优点，夸大自身的缺点，看不到自身的价值。因此，你应该加强自我意识和自我认识，客观地看待自己，找出自己的优点，取悦自己、欣赏自己、发展自己，与此同时，还要不断弥补自己的短处，发展自己的长处。

2. 建立自信心，完善自我

青少年处于不断发展完善的阶段，应该在不断的实践中增强自信心，通过实际行动赢得大家的肯定和认可，逐渐产生自我认同。心理敏感的青少年应该积极投身于社会实践，与人为善，在实际生活中获得成就感和尊重感，不断完善自我。

3. 广泛交友，开放自我

青春期是人生发展的关键期，这一时期，大多数青少年的主体意识觉醒，独立意识增强，渴望获得友谊，对群体具有强烈的归属感。而心理敏感的青少年则与之相反，他们自我封闭，缺乏与他人交往的勇气。如果你是心理敏感的男孩，那你应该努力尝试去改变。只要你学会善待身边人，也能得到别人的善待。要知道，你可以从别人那里获得鼓励、信任、支持和安慰，还可以从别人身上学到优点，弥补自己的不足，培养正确的自我意识。

# 被人误解的滋味不好受

青春期小档案

| | |
|---|---|
| **姓名** | 王猛 |
| **爱好** | 打篮球、跑步 |
| **特点** | 直爽、大气、不善辩 |
| **事情** | 因为误会，被班里的女生称为"色狼" |

## ❈ 我真的不是"色狼"

这天，大家从教室里涌出来，不知是哪位同学随手带了一下门，眼看就要把女生刘曼的长头发夹住了。说时迟，那时快，王猛敏捷地用手推了刘曼的后背一下，使她往前踉跄了一步，她的长发才免于被夹。

原本王猛做了一件好事，不料刘曼却很生气，说王猛不怀好意，这让王猛顿感脸面无存，恨不得找个地缝钻进去。整个课间，王猛都沮丧地低着头。课间休息结束后，刘曼回到教室，和身边的女生喋喋不休地讲王猛是个"坏蛋"。目睹那一幕的男生张帆，走过来为王猛说了一句公道话："刘曼，我看你是误会王猛了，当时我看见了，王猛是怕你的头发被门夹住，才推了你一下。"

得知事情的真相后，刘曼的脸羞得通红，虽然她没有当面向王猛道歉，但写了一张纸条给王猛："王猛，对不起，是我误会了你，请原谅。"

### 专家解读

在青春期，少男少女的性意识逐渐觉醒，对性别有了理性的认识，尤其是女生，特别在意自己的身体。正所谓"男女授受不亲"，当有人碰触女生的身体时，女生的第一反应就是被欺负了，这也是刘曼冲动的原因。

被人误解是一件痛苦的事情，有的青少年会与对方理论，结果双方争执不下；有的同学会沉默不语，不予回应，使对方以为他真的做了亏心事。可以说，这两种应对被人误解的方式，都不是特别明智。

正确的做法是：你需要冷静观察对方的态度，不要轻易抱怨、责骂别人，重要的是你要清楚自己被人误会的原因，找到根源，然后对症下药，从而消除别人对你的误解。不要陷在"哑巴吃黄连——有苦说不出"的委屈里，也不要陷入"跳到黄河也洗不清"的深渊，要知道，只有积极的行动才能改变现状。

### 延伸阅读

#### 应对被误解的方法

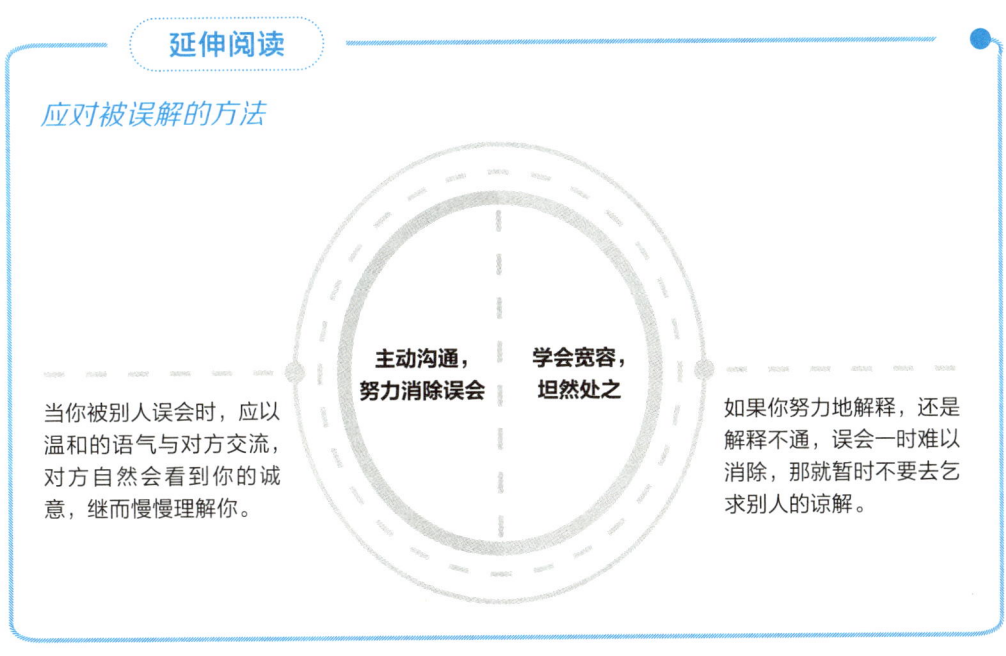

当你被别人误会时，应以温和的语气与对方交流，对方自然会看到你的诚意，继而慢慢理解你。

**主动沟通，努力消除误会**

**学会宽容，坦然处之**

如果你努力地解释，还是解释不通，误会一时难以消除，那就暂时不要去乞求别人的谅解。

**爸爸说给青春期男孩的话**

儿子，爸爸知道，被人误解的滋味不好受，让你很苦闷、很焦急，此时，你最需要的是冷静，冷静地去思考为什么会被误解。要知道，人在不了解、不理智的情况下，往往很难做到冷静思考。在误会初期，很多人只会一味地指责对方，这就导致误会越来越深，最后到了不可收拾的地步。所以，在评论别人的时候，你首先应该想想是否存在"误会"。

与同学之间存在误会是难免的，但也并非全是坏事。误会的产生是你与同学之间沟通太少，心理上还存在一定距离，因此，你需要进一步与对方沟通。如果觉得难以做到与对方面对面沟通，你不妨通过写信或让其他同学帮忙转达的方式表明你的原意，你也可以找个合适的机会用行动表达自己的诚意。

常言道"旁观者清"，局外人往往更容易发现问题。因此，当你被人误解时，不妨向朋友寻求帮助，或把心事告诉朋友，听听他们的看法与建议。

爸爸想说的是，有时候，误会实在解不开，你要学会把压力变成动力。不要过多地去想这件事，那样只会浪费时间，只要你心里清楚自己是正确的，那就按照你所想的坚定地去做，不必在意他人异样的目光。时间久了，你会得到他人理解的。

# 第 8 章
# 健康安全：平平安安就是福

进入青春期后，青少年会出现强烈的成人感和独立意识。他们希望自己能像成年人一样处理问题、受到尊重、获得平等地位。在这一时期，他们对父母、老师的管教容易产生逆反心理，更有甚者会出现吸烟喝酒、打架斗殴等行为。如果不及时纠正，他们很可能会走上违法犯罪的道路。因此，在青春期，青少年一定要树立正确的人生观、价值观、世界观，平安健康地成长。

# 远离校园暴力，不要好勇斗狠

**青春期小档案**

| | |
|---|---|
| **姓名** | 赵思宇 |
| **爱好** | 玩电脑游戏 |
| **特点** | 张扬、外向 |
| **事情** | 好朋友与小混混打架，结果受伤住院 |

## 好勇斗狠的代价

思宇和海佳从小一起长大，是非常好的朋友。两人性格迥异，思宇外向张扬，海佳安静内敛。思宇经常与别人起冲突，还跟校外的不良少年混在一起，是老师和同学眼中的坏孩子。而海佳一直是班里的好学生，从不惹事，成绩一直在班级前五名。这天放学，思宇说有事不和海佳一起回家，让海佳先走。海佳非常了解思宇，知道思宇一定是遇到事了。于是，他趁思宇不注意，悄悄地跟在身后，打算看看思宇去干什么，若是思宇又去跟不良少年混在一起，自己可以冲上去把他拉回来。

因为害怕思宇发现，海佳远远地跟在后面，看见思宇跟几个染着黄色头发的人在一起。海佳正要走上前去，突然从学校的另一个方向翻墙进来了七八个染发青年，只见他们二话不说就冲向思宇，两边人打起来了。海佳看到双方打

得很激烈,思宇不知道被谁推倒在地,他担心出大事,赶紧跑过去拽住思宇,让他别再打了,赶紧去医院。海佳话还未说完,便被人一拳打在了鼻子上,顿时鲜血直流。思宇见此,怒不可遏,起身将对方打倒在地,又冲上去踢了那人几脚,然后立刻招呼自己的朋友停手,扶着海佳直奔医院。

随后思宇给自己的爸爸和海佳的爸爸打了电话,让他们来医院。两位爸爸到后,带着海佳和思宇做了检查,思宇并无大碍,但是海佳却被打得轻微脑震荡,需要住院观察几天。

看着躺在病床上的海佳,思宇非常自责,如果不是自己与别人约架,海佳也不会受伤。他开始反思自己一直以来的行为。

### 专家解读

校园本是一方净土,近年来校园里也出现了一些暴力行为。青春期的孩子敏感、多疑,情绪非常不稳定,处于这个特殊阶段的孩子做事容易冲动。青春期的孩子,身心发育不完全,大脑的前额叶还不成熟,加之激素的激增,经常会出现情绪不稳定、暴躁失控的情况。如果在这段时间没有对青少年进行正确的引导,会让青少年对暴力产生错误的认知,甚至产生崇拜暴力、用武力解决问题的心理,后果将不堪设想。

当今社会频繁出现的校园暴力问题,是家庭、学校、社会多方面因素共同导致的。

1.现在的青少年大多是独生子女,父母对孩子溺爱,容易让孩子形成自私、任性、以自我为中心的不良性格。还有一种情况不容忽视,那就是留守儿童因为缺少父母的关爱而变得自卑、冷漠,在受到刺激或伤害时,很容易出现暴力行为。

2.学校的根本任务是教书育人,要教会学生做人,重视学生的全面发展,让学生成为遵纪守法的好公民。但我国现在很多中小学校仍旧"唯分数论",过于重视升学率与成绩,弱化或忽视了对学生的道德教育。而许多学校的安全工作带着"维稳思维",不注重学生的心理健康教育、规则教育、法制教育,只是简单粗暴地要求学生听话,不准惹事,如此只能治标而不治本。有的学生表面平静,其实内心涌动着暴力的暗流,就像一座沉寂已久的火山,一旦喷发,将会"地动山摇"。

3. 不良社会风气传入校园。网络时代的到来让暴力行为传播得很快。一些带有不良价值观导向的影视作品和充满暴力色彩的手游,都在潜移默化地对青少年产生负面影响,让一部分人产生了"暴力可以解决一切"的错误认知。青少年缺乏对这些不良现象和错误价值观的判断,容易偏听偏信甚至模仿,在校园里采用"以力压人""以暴力解决问题"的想法,伤害别人的同时,也让自己成了不良行为的受害者。

### 延伸阅读

**如何解决校园暴力问题**

1. 抓好家庭教育。家长应将精力多放在孩子身上,时刻关注孩子的身心健康,培养孩子健全的人格和良好的生活习惯。

2. 学校与当地公安机关建立联动机制,公安机关应配合学校进行宣传、教育,并确保在学校发生暴力事件时,能及时赶赴现场。

3. 从小对孩子进行责任意识教育,加强在校学生自我保护的教育。

4. 加大正面宣传和教育力度。要让社会充分认识到校园暴力的严重程度及危害,控制暴力行为的传播。

儿子,现在很多暴力事件发生在校园内,爸爸希望你能远离这些事件。你们这个年纪容易冲动,很多未成年人在实施犯罪行为时因为一时冲动,从而搭上了自己的一生,让人扼腕叹息。当然,有关校园暴力的问题不能全怪你们,家长、学校、社会都有责任。要彻底改变校园暴力的情况,可能需要很长一段时间。

现在我们能控制和改变的,只有我们自身。爸爸希望你不要有"用暴力就能解决问题"的想法,同时,在学校多结交朋友,不要孤立自己,不要让自己成为被欺凌的对象。如果你在学校遇到了什么问题,爸爸希望你能及时告诉老师或爸爸妈妈,我们来为你出主意,千万不要意气用事,让自己身处险境。

# 认识吸烟危害，杜绝吸烟行为

青春期小档案

**姓名**　　张明敏

**爱好**　　抽烟、游泳

**特点**　　叛逆、蛮横

**事情**　　吸烟时不小心被妈妈发现

## ❋ 不要以为口吐烟圈很潇洒

一天，妈妈在为明敏整理书包时发现了一盒香烟，她意识到儿子可能染上了吸烟的恶习，于是就把这件事情告诉了明敏的爸爸，想让爸爸跟儿子谈一谈。明敏爸爸知道这件事后怒不可遏，本想狠狠地教训儿子一顿，但又担心正处于青春期的儿子听不进去，反而还会激起他的逆反心理，于是夫妻二人来到青少年心理咨询室寻求帮助。

据明敏爸爸介绍，儿子明敏今年 14 岁，学习成绩不错，也很懂事，性格比较开朗，只是进入青春期后开始变得不太听话。周末，明敏邀请几个好朋友来家里玩，爸爸妈妈考虑到有大人在会让孩子们觉得拘束，在准备好饭菜后，便出去散步了。他们回来时明敏的朋友都走了，明敏妈妈在打扫卫生时发现地上有烟头，便问儿子怎么回事，儿子说他没吸，是他朋友吸着玩的。

听了明敏爸爸的叙述，专家表示父母不妨和孩子心平气和地聊聊天，不

要把孩子吸烟和撒谎的事情说破,而是给他讲讲吸烟的危害,这样做效果会更好。

明敏爸爸回家后,便与儿子闲聊,顺便提起吸烟的事情,并说:"我知道你很懂事,不会吸烟,你应该好好劝你朋友,让他们不要吸烟,因为吸烟对身体不好,而且你们现在正处于青春发育期,正是长身体的时候,香烟中有很多成分对身体发育有影响。"这次谈话后,妈妈发现儿子书包里的香烟不见了。

### 专家解读

青春期的孩子,经常会产生莫名的郁闷和忧愁,为了消愁,他们会通过吸烟来缓解压力,消除烦恼。有的孩子认为进入了青春期,自己就是大人了,于是为了显示自己的成熟,为了证明自己不再是小孩子,他们就会选择吸烟这种方式。

当香烟燃烧时,会释放出二三十种有害物质,这可不是耸人听闻。香烟的主要成分是尼古丁,会给心脏造成极大的伤害。科技在不断发展,人们对香烟的认识越来越透彻。世界禁烟组织研究发现,香烟中的很多有害物质会导致呼吸系统、心血管及消化道感染,甚至癌症。很多青少年认为吸烟有派头、有风度、有男子汉气概,但青少年正处于身体发育时期,吸烟会给健康埋下巨大的隐患。

许多医学专家发出警告,青少年吸烟可能有损大脑发育和听力。最新研究表明,吸烟很可能导致青少年出现听力问题,使他们在课堂上无法集中精神。研究人员表示,长期吸烟对青少年的学业会产生严重影响。

青春期时,大脑正处于快速发育的阶段,特别容易受到香烟的损害。英国曾有人做过一项调查,在1200万吸烟者中,80%的人是在十几岁的时候染上烟瘾的。1/4的女孩和1/6的男孩在15岁时就成了烟民。雅各布博士调查了一组年龄在14~19岁的青少年,发现吸烟对他们的大脑发育有负面影响。

**延伸阅读**

*如何有效地戒烟*

**1. 别错过一日三餐**

吸烟会刺激体内脂肪和糖进入血液,因而即使错过一顿饭也不会感觉太饿。如果想戒烟,就应按时进餐,保持稳定的血糖和新陈代谢。

**2. 饭后散步**

吃完饭后,到户外散步,做深呼吸15~30分钟。

**3. 烟瘾发作时,马上淋浴**

每天2~3次15~20分钟热水浴,可以让你的身心彻底放松,促进血液循环。淋浴还能冲掉皮肤上的烟味,更容易让人断掉吸烟的念头。

**4. 家禽类和油炸食物尽量少吃**

蛋白质被分解后,会让血液吸收较多的氨,而氨量过高会刺激中枢神经系统。

**5. 多喝水和酸性果汁**

在戒烟的前三天,要多喝酸性果汁,两餐之间喝6~8杯水。这样有助于清除体内的尼古丁,如果吃点B族维生素,不仅有助于排出尼古丁,还能安定神经。

**爸爸说给青春期男孩的话**

近年来，很多青少年染上了烟瘾，一部分人是因为好奇，也有一部分是出于模仿。

儿子，吸烟的危害你是知道的，在这里爸爸不再赘言，爸爸只希望你能养成良好的生活习惯，爱惜身体。也许处于青春期的你会有许多苦恼，但爸爸不希望你用吸烟这种方式来缓解压力，因为这只能饮鸩止渴，是解决不了问题的。

# 别让"黄毒"污染花季的色彩

青春期小档案

**姓名** 黄品越

**爱好** 看小说、上网

**特点** 内向、自制力差

**事情** 因为经常上网而染上了看不健康书籍和影像的恶习

## ❋ 染上"黄毒"怎么办

品越是个品学兼优的好学生,可最近老师发现他上课时总是无精打采,看上去十分疲惫。一开始老师问他,他总说没什么,老师以为他学习时间太长,睡觉太晚,就告诉他晚上好好睡觉。可后来听同学说,他常常去网吧上网。对此,老师有点不相信——这么优秀的孩子,怎么可能因为上网而荒废学业呢?直到有一次,老师偷偷地跟在品越身后,跟着他进了网吧,惊讶地发现品越在看"那种"电影……

老师十分震惊,委婉地劝他不要接触这些不健康的东西。品越不但不听,反而变本加厉,甚至经常逃课去上网,即使偶尔上课,也是埋头看一些不健康的书籍。他的学习成绩一落千丈,老师让他父母带他回家反省。

每当想起这件事,老师都为他感到惋惜。本来很有前途的一个男孩,却被"黄毒"给毁了。

### 专家解读

青春期男孩渴望学习知识、了解社会,这原本是件好事,但他们毕竟还不够成熟,对各种不健康思想缺乏一定的分辨能力和抵制能力。他们开始有生理性的欲求,但又往往分不清爱情与色情、高尚与庸俗、合法与非法的界限。所以,看了不健康书籍、影像的孩子,很容易深受其害,终日想入非非,精神萎靡,无心学习,不求进步,甚至去模仿,进而走上违法犯罪的道路。

事实证明,不健康书籍、影像对青春期男孩的危害极其严重。一位少年曾经这样反省自己:"我才16岁,就被判了刑,我后悔自己没听父母、老师的话,我恨那些写坏书的人。"所以,为了孩子的健康成长,父母要用心观察孩子,为孩子清除污染源。

首先,要时刻关心孩子的生活。作为父母,不能因为工作繁忙、琐事缠身就忽略与孩子交流沟通。父母要教孩子从小明辨是非,培养他们的自制能力和自我保护意识。对那些已经"涉黄"的孩子,父母的态度一定要非常明确,必须坚决反对,千万不能放纵。

其次,要让孩子拥有正确的性观念。作为父母,我们要正视青春期男孩的特点,对性问题要科学、恰当地给予解释和教育,主动让孩子得到科学的性教育,消除孩子对性的神秘感,不能含含糊糊、避而不谈。同时也要注意疏导孩子的不良心理,正确引导他们安稳度过青春期。

再次,给孩子树立好的榜样。律人必先律己,作为父母,想要孩子远离"黄色污染",就要从自身做起,坚决抵制不健康的网站和读物。父母应经常检查自己的电脑,安装好必要的防护软件,防止"黄毒"侵入,消除孩子有可能接触"黄色污染"的机会,为孩子营造良好的家庭环境。

最后,整个社会都要关注"黄色污染",不要让"黄毒"在社会上泛滥,从而给孩子营造一个阳光明媚的成长空间。

**延伸阅读**

**如何免受"黄毒"的侵害**

1. 积极参加健康的集体活动，多与同学交流谈心，转移视线。

2. 如果有朋友邀请你看不健康的书籍、影像，你要委婉回绝朋友的邀请。

3. 学会合理分配时间，给自己一个心理暗示，明白什么时间该做什么事情。

**爸爸说给青春期男孩的话**

儿子，爸爸知道，对于青春期的你来说，那些不健康的书籍、影像很有诱惑力，因为你正处于性意识萌发的时期，对于你的这些想法和行为，爸爸都能理解。但爸爸还是要劝你，一定要远离这些东西，它们会消磨你的意志，影响你的学习，也会让你陷入深渊，不可自拔。

为了坚定自己拒绝和抵制不良诱惑的决心，必要的时候，你可以请求父母、老师、同学和朋友监督，以帮助你战胜诱惑。

第 8 章 / 健康安全：平平安安就是福 135

# 路遇尾随莫慌张

**青春期小档案**

| | |
|---|---|
| **姓名** | 万雄岚 |
| **爱好** | 夜跑、打羽毛球 |
| **特点** | 灵敏、沉着 |
| **事情** | 路上遭遇尾随，幸亏跑得快 |

## ❋ 归途惊魂

暑假的一天，雄岚和几个朋友相约去烧烤店聚会，七八个人好几天没见，聚在一起谈论起假期的趣事，好不欢乐，等到结账时才发现已经晚上十点多了。大家散了后，雄岚和几个朋友都不同路，只得一个人回家。为了尽早到家，雄岚走了一条平时不经常走的小路。

这条小路非常僻静，路上一个行人都没有，与刚才喧闹的街区相比仿佛两个世界。炎夏的夜晚，走在这条小路上，雄岚竟感到几分寒意。这条小路的路灯灯光很暗，雄岚一个人走在昏黄的路灯下，觉得气氛有些诡异，心中竟有几分害怕，脚下的步伐不自觉地加快了许多。

路上没有什么行人，显得非常安静。雄岚忽然听到身后有脚步声传来，心里暗自高兴，觉得终于有伴了，马上回头看了看，发现不远处有一个身穿黑衣的人，头上还戴着黑帽子。由于光线较暗，雄岚看不清那人的长相。不过看了他的打扮，雄岚一时间打消了与他结伴而行的想法，继续快步向家中走去。

不对！雄岚敏锐地察觉到，自己的脚步加快之后，身后那个人的脚步也在加快；等自己放慢脚步时，身后那个人也放慢了脚步。雄岚一惊，心想：不会是碰上坏人了吧！雄岚暗中焦急，不敢再回头去看，生怕引起对方的注意，万一对方不顾一切冲上来，自己必然会很危险。

忽然，雄岚感觉到后方那人的脚步越来越快，似乎已经失去了耐心。雄岚额上冒出了细密的汗珠，知道此时再不跑就来不及了，于是开始奋力狂奔。雄岚跑起来之后，身后那人也跟着跑了起来。雄岚害怕极了，使出了十二分的力气，向着小路的出口奔去。不知跑了多久，他终于跑出了那条小路，来到了小区门口。看到熟悉的地方，雄岚松了一口气，才发现身后那个人消失了。

跟门口的保安打过招呼后，雄岚快步向家走去……

### 专家解读

在这个复杂的社会，很多坏人把目光盯在了反抗能力弱、自我保护能力差的青少年身上。不可否认，青春期的女孩遇到坏人侵害的概率要高于男孩，但这并不意味着青春期的男孩就不会受到侵害。因此，青春期的孩子一定要注意增强自我保护意识、加强自我保护能力。

每个孩子都是家中的宝贝，没有谁会希望自己的孩子遇到危险。雄岚的情况属于自我保护意识不够强，大晚上选择僻静的小路，本身就存在极大的安全隐患。在平时的生活中，我们千万不要掉以轻心，存在侥幸心理，一定要百分百确定自己的安全，不给坏人可乘之机。

家长一定要加强教育，时刻保持警惕，从小教给孩子各类安全常识，注意那些隐藏的危险，学会保护自己，比如在外面会遇到哪类安全问题，要注意什

么。平时，家长要让孩子形成强烈的安全意识，这在关键时刻会给孩子带来帮助，不要等事情发生了才后悔莫及。

另外，家长还要注重培养孩子的自我保护意识。即使家长再细心，也有考虑不到的地方，还会有一些意外让人措手不及。在日常生活中告诉孩子一些保护自己的知识非常有必要。

孩子的安全问题绝不只是孩子自己的问题，既需要家长从小对孩子进行各类安全知识的教育，又需要家长提高警惕，时刻注意。孩子的安全问题是每个家长的第一要务，也是家长最担心的问题，意外带给孩子的危害无法估量，而且会给家庭带来沉重的打击。

---

**延伸阅读**

**遭遇歹徒如何做**

**1 将生命放在首位**
如果歹徒只为劫财，一定要先满足对方的要求，注意不要激怒对方。待对方心理松懈后，再思考逃脱之策。

**2 勇敢面对**
如果对方不想放过你，那你也要拿出勇气，勇敢地与对方搏斗，争得一线生机，不能任人宰割。

**3 走为上策**
趁歹徒不备，跑向人多的地方，一边跑一边呼喊。如果在夜晚四周无人，就到附近的营业场所求救。

爸爸说给
青春期男孩的话

儿子，千万不要忽略身边的安全隐患，也不要认为抢劫、尾随不会发生在你身上。你认为这个世界总是美好的，但其实并不是这样的。注意不要让自己身处险境，要学会处处留心，保证安全第一。

爸爸希望你能经常跑步、锻炼身体，让自己有一个好身体。遇到抢劫、被围堵等状况时，歹徒追不上你，你自然能够脱离危险。即使遇到最坏的情况需要搏斗，身体强健也会成为你的优势，可以保护自己不受伤害。

# 第9章
# 自信乐观：做个有担当的男子汉

青春期是人生发展的重要时期，在这个时期养成的好习惯将会让你受益一生。一个勇敢、有责任心、勤奋的男子汉才能在社会中更好地立足。拥有这些良好品质，你才能在面对挑战时更具竞争力，面对诱惑时更有自控能力，面对机会时更果断。这些能力的培养能让你在未来的竞争中占得先机，为成功打下坚实的基础。

# 敢于坐到前排的位置

**青春期小档案**

| | |
|---|---|
| **姓名** | 徐天琪 |
| **爱好** | 听音乐、下围棋 |
| **特点** | 听话、保守 |
| **事情** | 大家在音乐老师的号召下坐到前排，让天琪很开心 |

## ❋ 为什么大家都喜欢坐在后排

音乐课没有固定座位，大家都是随意坐。天琪发现，大家每次来音乐教室上课时，都会选择靠后的座位，除了自己坐在第一排，其他同学都坐在第三排以后的座位上。天琪想，音乐老师心里应该比较郁闷，每次学生都坐得那么远。

今天的音乐课，同学们进入教室后仍旧按照自己的习惯挑选座位，但音乐老师想做点什么来改变一下这种现状。

"同学们，你们谁能告诉我一下，为什么没有人选择坐在离我近一些的位置上？"上课铃声刚响，音乐老师用她特有的嗓音问了大家这样一个问题。

下面的同学你看看我，我看看你，不明白老师为什么会这么问。"可能是因为坐在前排有压力吧！"沉默了好一会儿，坐在后排的班长赵婷月起身回答了这个问题。

"你说得也有道理。这样,我来给大家讲一个故事吧。"一听到老师要讲故事,同学们都很高兴,因为还没听过音乐老师讲故事。

看到学生都在耐心地等着她开口,音乐老师就讲了起来:"有一个教授,他做过这样一个实验,12年前,他要求他的学生进入一个宽敞的大礼堂,随便找座位坐下。反复几次后,教授发现有的学生总爱坐前排,有的学生则盲目随意,四处都坐,还有一些学生似乎特别钟情后面的座位。教授分别记下他们的名字。12年后,教授的追踪调查结果显示:爱坐前排的学生中,成功的比例高出其他两类学生。"

"我希望同学们都能成功,所以我希望你们下次上音乐课的时候都能坐到前排的位置。"讲完故事,音乐老师提出了这样一个要求后,就开始上课了。

过了一个星期,同学们再上音乐课的时候,天琪惊讶地发现坐在前排的人多了很多,这让天琪很开心,因为不再只有自己孤零零地坐在前排了。

### 专家解读

青春期的男孩情绪、性格极不稳定,敢于坐在前排,是一种积极向上的生活态度。在年少的时候培养孩子的好习惯,比等到性格定型之后再改正要容易得多。

如果让大家在教室里自己挑选位置,选择前排是需要莫大勇气的,因为坐在前排,就意味着有更多与老师进行眼神交流的机会。坐在后排的时候,你会放松自己,躲避老师的视线,在很多时候可以避免老师提问,但这样下去,你会变得越来越被动。坐在前排的时候,你会自觉要求自己积极参与,从而得到更多的机会。

英国著名的政治人物、有着"铁娘子"之称的撒切尔夫人,从小就在父亲的严格要求下,将永远坐在前排当作自己的人生态度。这样的人生态度让她在一年的时间内学完了五年的拉丁文课程。

当然,坐在前排并不是说一定要做得最好,永远做第一,而是让自己表现出一种积极向上的态度。只有保持这样一种态度,你以后遇到事情时才不会逃避、不会退却。

**延伸阅读**

为什么要坐在前排？

| 体现的是一种担当，对培养青春期男孩的责任感非常有利。 | ← 坐在前排 → | 会让孩子更自觉、更积极地去参与，会得到更多的机会。 |

**爸爸说给青春期男孩的话**

儿子，爸爸希望你能够明白，一个有勇气坐在前排的人，将来也一定有勇气面对生活带来的困境。爸爸希望你以后能够抱着一往无前的精神和必胜的信念，尽自己最大的努力克服一切困难，做好每一件事情。遇事敢于承担责任，这样你才能成长为一个真正的"男子汉"！

第 9 章 / 自信乐观：做个有担当的男子汉 / 143

# 有责任心的男孩才能成大器

青春期小档案

**姓名**　冯建杰

**爱好**　打篮球、游泳

**特点**　有责任心、可信赖

**事情**　拾金不昧好榜样，弘扬社会正能量

## 带着责任心做事

冬日的一天，建杰放学后去医院看望父亲。他去给父亲打水的时候，看到医院楼道的长椅上放着一个黑色的塑料袋，鼓鼓囊囊的。建杰十分好奇，见四下无人，便走过去打开一看，好家伙，里面是一摞摞的现金。面对这突如其来的钱财，他顾不上打水，转身返回父亲的病床旁，把这件事告诉了父亲，还对父亲说："我要在楼道里等失主，这里是医院，失主丢失这些钱，该多么着急！也许失主家里也急需这些钱救命呢，我一定要把这些钱还给失主。"

于是，建杰便抱着黑塑料袋，在医院的长椅上坐了下来。两个小时转眼就过去了，他还是没等来失主。建杰突然想到可以去服务台广播一下，便抱着黑塑料袋来到了服务台。服务人员得知事情的经过后，立马报了警，警方通过监控查到这是一位 60 多岁的大爷丢失的。原来，大爷是一位阿尔茨海默病患者，他时而清醒，时而糊涂。大爷的女儿住院做手术，他心疼女儿，自己去银行取了钱，然后来医院找女儿，结果走错了科室，坐在椅子上歇着的时候，把钱落在了长椅上。

建杰的家庭也不富裕，父亲得了慢性肾衰竭，需要经常在医院做透析，这些钱对他们来说，相当于一笔巨款了。但是，他们没有选择隐匿，而是选择物归原主，这种拾金不昧的精神让人感动。

### 专家解读

在现实生活中，无论做什么事都要有负责的态度，有了这样的态度，你才有可能取得成功。责任是一种担当，是一个人立足社会、开创未来的基石。托尔斯泰说："一个人若没有热情，他将一事无成，而热情的基点正是责任心。"

一个有责任心的人，就会有明确的人生目标，敢于对自己、家庭、社会负责。从某种程度来讲，责任心有多大，人生的舞台就有多大。梁启超先生曾说："人生须知负责任的苦处，才能知道尽责任的乐趣。"任何人在世上都不可能孤立生存，相互依靠必然要求相互负责。人生的价值，取决于自身承担的责任。无责可担、无任可负是极大的悲哀。

一个青春期的男孩，如果没有意识到自己的责任所在，对任何事情都敷衍了事，今后怎么能成为一个让人信任的人，又如何在社会中立足？

建杰的行为不仅展现了他的高尚品质，更在这个寒冷的冬天，为社会注入了一股暖流。他的选择让我们看到，只要我们心怀善念，有责任心，就能做出正确的选择。

第9章 / 自信乐观：做个有担当的男子汉 / 145

**延伸阅读**

*如何培养责任心和担当精神？*

1. 合理安排自己的学习和生活，提高时间管理能力。

2. 努力学习，不断提升自己的知识水平和技能。通过阅读、思考和实践，完善自己的素质及能力。

3. 树立正确的人生价值观，讲道德、诚信，要有一颗正义之心，以积极向上的态度面对学习和生活。

4. 坚持个人成长与社会责任的平衡：青少年在个人成长的同时，也要承担一定的社会责任。要明晰自己的优势和兴趣，找到个人成长与社会责任担当的平衡点，既关注自身的发展，又关心他人和社会的需求。

5. 积极参与公益活动，学会帮助他人、照顾他人。

**爸爸说给青春期男孩的话**

儿子，爸爸希望你能成为一个有责任心的人。

古往今来成就大事的人，都有着强烈的责任意识。只有怀着高度的责任感去学习和生活，你才有可能成就一番事业。有了责任感，人才能具有勇往直前的动力和勇气，才能感受到自我存在的价值和意义，才能真正得到人们的信赖和尊重，才能交到知心朋友。

# 独立自主才能走好人生路

**青春期小档案**

| | |
|---|---|
| **姓名** | 肖宇 |
| **爱好** | 弹吉他、练书法 |
| **特点** | 懒惰、倔强 |
| **事情** | 平时什么事情都要父母来做，被父母送到寄宿中学 |

## ❋ 自己的事情自己做

下面是肖宇的一篇日记：

这个暑假也不知怎么了，很多事情爸爸妈妈都不再帮我，让我自己的事情自己做。他们还决定把我送到封闭的寄宿学校去，去那里上学一个月才能回家一次，我真的不想去。到了报到这天，我的反抗于事无补，我只能一个人拖着行李箱去学校报到。

办理完入学手续，我按照老师的指引来到宿舍，发现宿舍里其他同学的床位已经整理好了。跟同宿舍的人打过招呼后，我开始一个人铺床、叠被子。其他舍友向我打过招呼后，就先去吃饭了。我一个人留在宿舍里，忙了半天还是没能整理好，东西也被翻得乱七八糟。直到此时我才发现，原来离开妈妈的我竟然连个床铺都整理不好。等我整理好的时候，我已经错过了吃晚饭的时间，只好饿着肚子了。

我很委屈,很想给爸爸妈妈打电话,但还是忍住了,并暗暗告诉自己,一定要把自己的事情处理好。在今后的日子里,我跟室友们学到了很多东西,洗衣、刷鞋、铺床、叠被……慢慢地,很多事我都能做得井井有条。我心想,等放假回家,我一定要让爸妈大吃一惊。

**专家解读**

现在的家庭多数是独生子女,很多事情都是父母代办,于是就养成了他们事事都等人来帮忙的习惯,这对孩子的成长发展很不利。只有让孩子学会自己的事情自己做,才能培养孩子的独立能力。父母不可能永远陪着孩子,不可能永远代替孩子去做事。一个人如果要成长,要想在社会立足,就必须学会独立。从小对孩子的娇惯看似是爱孩子,其实是对孩子最大的伤害。

孩子终究要离开父母一个人去面对社会,这是每个人的必经之路,谁也代替不了。社会上流传着这样一句话:"真正懂得教育孩子的家长,给予孩子的绝不是万贯家财,而是一笔独立自强的精神财富。"

只有生活上的独立是不够的,还要教育孩子能够做到自主。何谓自主?即自己为自己做主。很多家长喜欢帮孩子做决定,而不是听取孩子的意见,导致孩子几乎没有自己做决定的机会,这样孩子就缺少了锻炼独立自主能力的机会。

**延伸阅读**

如何培养独立自主的能力?

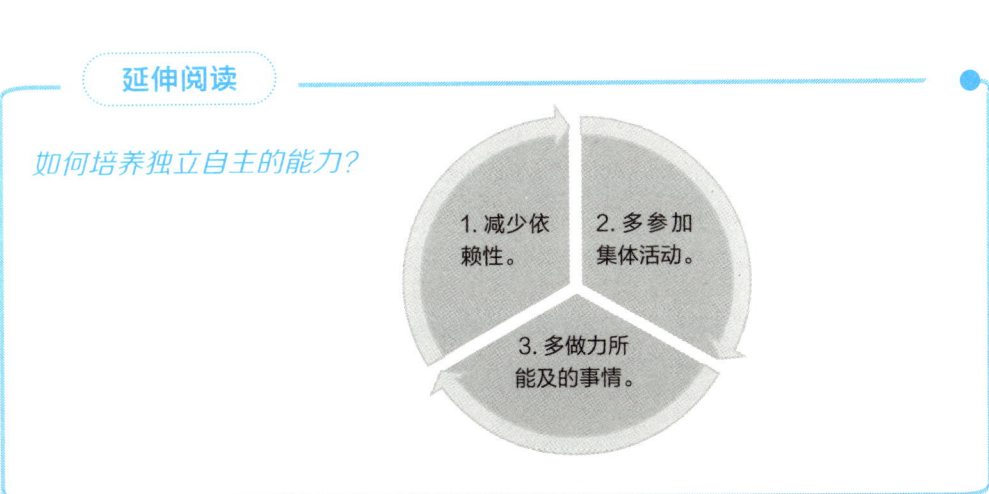

**爸爸说给青春期男孩的话**

儿子，也许你觉得爸爸妈妈将一切都为你准备好，是一件好事，但爸爸不能这么做，因为这会让你形成依赖心理，不利于培养你独立自主的能力。儿子，要想在这个社会立足，成为一个对社会有用的人，你必须要有独立自主的能力。这个能力的培养不是一朝一夕的事情，所以爸爸现在就要逐步放手，一步步地锻炼你，直至你能完全靠自己的能力解决自己的事情。

小鸟总有一天要离开妈妈的羽翼，独自飞向天空。爸爸妈妈也不能永远陪在你身边，你的路总是要靠你自己走。

# "三分钟热度"要摒弃

**青春期小档案**

| | |
|---|---|
| **姓名** | 严宽 |
| **爱好** | 打球、看小说 |
| **特点** | 多变、不坚定 |
| **事情** | 因为做事缺乏恒心和毅力，受到父亲的批评 |

## ❋ "三分钟热度"的严宽

严宽是个典型的"三分钟热度"的孩子，很多事情过了最初的新鲜感后就会放弃。前段时间他喜欢打篮球，要求父母给他买了一个篮球，可是没几天他又喜欢上了足球，把刚买没几天的篮球扔在一边，又买了足球。过了不到半个月，他又喜欢上了网球。后来他又迷上了五子棋，还让爸爸带他去报了一个培训班。可是过了没多久，严宽就不想去了，白白损失了一笔培训费。

严宽折腾来折腾去，最后篮球、足球、网球、五子棋全都没练好，这让爸爸非常恼火。这次严宽又求着爸爸带他去学绘画，爸爸严肃地说："这次一定要好好学，坚持下去，不要再让爸爸失望了。"严宽一口答应了。可过了没多久，严宽又觉得画画太难了，不想再继续，但又不敢跟爸爸说，于是想了个办法，偷偷地不去上课。纸是包不住火的，时间一长，严宽不去学画画的事情就被爸爸发现了。爸爸这次更加恼火，指着严宽生气地说道："以后别再跟我说你想学什么，我不会再让你乱来了。"

严宽知道自己让爸爸失望了，也觉得自己没有毅力，但又真的坚持不下去。长时间做一件事对他来说非常痛苦，严宽不知道怎么办才好……

### 专家解读

"三分钟热度"是青春期男孩非常容易出现的情况。这一时期的男孩，总会因为一时兴起或心血来潮就去做一件事，但真正需要坚持的时候，却总是"三天打鱼，两天晒网"。出现这种情况的根源在于人的大脑有一种难以摆脱的惰性，如果控制不好，就会受惰性驱使而做出不合理的事情。

一个人对某件事产生兴趣的时候，脑垂体会分泌激素让他马上兴奋起来，恨不得立刻做成功。但随着时间的推移，激素分泌减少，你再想坚持下去，就需要意志力和恒心了。

### 延伸阅读

#### 如何摒弃"三分钟热度"？

**计划**
列一个条理清晰的计划，哪怕计划不周全也没关系，它也会锻炼毅力。

**认清自我**
当你明白自己真正想要什么的时候，自然会克制自己。

**合作**
找一个好朋友，互相监督，互相鼓励。

**习惯**
惰性是靠习惯征服的，需要培养"坚持"的好习惯。

**由易到难**
先从最简单、最容易的目标做起，再慢慢地提升难度。

> **爸爸说给青春期男孩的话**
>
> 儿子，一个"三分钟热度"的人，从本质上来说他根本不知道自己想要什么，所以才会变来变去。一个没有明确目标的人，将来很难成功。
>
> 我知道你从小没有吃过苦。爸爸妈妈有时太宠你了，凡事都让你由着性子来，你遇到事情根本不下苦功夫。对于你来说，如果不能克服懒惰的毛病，那你就无法在社会竞争中脱颖而出。
>
> "古之立大事者，不惟有超世之才，亦必有坚韧不拔之志。"古今中外，我们所熟知的伟人，尚且需要有坚韧不拔的恒心和毅力，我们作为普通人想要做好事情则更应如此。你正处在人生成长的关键期，爸爸希望你能够在这一阶段养成好习惯，为你将来的发展打下良好的基础。

# 勤奋是人生的要义

青春期小档案

| | |
|---|---|
| **姓名** | 林博 |
| **爱好** | 看书、旅游 |
| **特点** | 勤奋、执着 |
| **事情** | 通过努力,改掉了偏科的坏毛病 |

## ❋ 我一定会把数学学好

　　林博虽然有几门学科的成绩很好,但总成绩不算拔尖,因为他的数学有些弱,每次考试都刚刚及格。林博明白,如果自己不解决数学问题,成绩永远不会有大幅度提升。于是林博来到办公室,打算请教一下老师,如何提升自己的数学成绩。进入办公室后,林博发现有人正拿着习题册向老师请教,他一眼就认出是班里数学成绩最好的那个女生。

　　林博站在一旁静静地看着,发现那本厚厚的习题册上写满了密密麻麻的小字。林博心想,这得多少个日夜奋笔疾书才能做完这么多的习题呀!而且这些题并不是老师布置的作业。他开始回想自己以前的数学习题做了多少,记忆中做过的却寥寥无几。想到这里,林博忽然明白自己与那个女生的差距,也知道了为什么自己的数学成绩总是提升不上去。

　　从那天开始,林博有意无意地观察那些成绩好的学生,发现他们都和那

个数学极好的女生有相似之处——勤奋。有人平时看起来轻轻松松,但实际上背地里不知下了多少苦功。要想提升成绩,就必须付出辛勤的汗水。天上没有掉馅饼的好事,如果有,那也是自己争取的。

从那以后,林博明白了,也改变了。他每天除了完成老师布置的作业,还有针对性地做些补充习题。经过不断练习后,他终于在期末考试中有了一个满意的成绩。数学成绩的提升虽让林博高兴,但更让林博觉得有价值的是,自己明白了勤奋对学习、对人生的重要意义。

### 专家解读

勤奋是打开成功之门的钥匙,是勇往直前的加速器。青春期的孩子,成绩不能得到提升,很多时候不是不知道学习方法,而是不愿意去努力,不想太劳累。当他们放弃了勤奋这个基础时,成绩自然不会有太大的提升。

英国作家卡莱尔说过:"天才就是无止境刻苦勤奋的结果。"鲁迅也说过:"伟大的成绩和辛勤的劳动是成正比的,有一分劳动就有一分收获,日积月累,从少到多,奇迹就可以创造出来。"事实上,古往今来,科学家、发明家及在学术上有造诣、事业上有成就的人,他们成功的背后,无不有一段或长或短的辛勤奋斗的历程。

生命在于运动,成功在于勤奋。青少年时期正是人生观、价值观形成的重要时期,在这一阶段培养孩子勤奋的品格极为重要。

**延伸阅读**

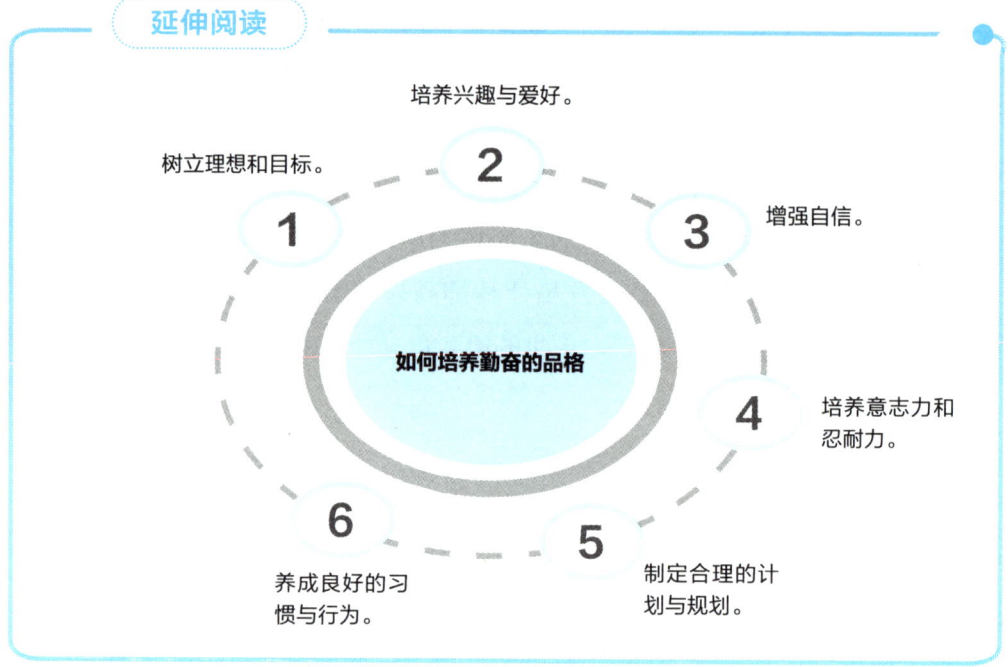

---

**爸爸说给青春期男孩的话**

儿子，爸爸希望你做一个勤奋的人，当然，这说起来简单，要做到着实不易。爸爸不是想要你立刻就成为一个这样的人，但希望你能够向着这个目标努力。

不管什么样的人，想做成一件事都需要勤奋，这样的例子太多太多了。人生的价值是在不断勤奋努力中实现的。对于现阶段的你来说，最主要的任务就是学习，爸爸希望你能在学习上勤奋、刻苦。

爸爸希望你勤奋学习，并不是要你成为一个"大人物"，做出惊天动地的大事业，只是希望你成年后回忆起自己的青春期时，不会因自己的碌碌无为而羞愧。

# 第10章
## 好好学习：让梦想插上翅膀

"没有梦想的人生是可悲的。"有梦想而不去努力学习、实践，那么梦想就只是空想、妄想。少年，努力学习吧！在阳光下挥洒汗水，让梦想成为现实。

# 你在为谁学习

青春期小档案

| | |
|---|---|
| **姓名** | 梁俊达 |
| **爱好** | 打篮球、打网球 |
| **特点** | 贪玩、有惰性 |
| **事情** | 不明白为什么父母总是逼着自己学习 |

## ❉ 为什么要逼着我学习呀

俊达活泼开朗，但是贪玩，对待学习不认真，课前从不预习，课后也不复习，作业敷衍了事，成绩不是很好。父母担心以俊达这样的学习状态和成绩将来很难考入一所好的大学，于是开始对他严格要求，让他减少玩耍的时间，还请学校的老师严格监督他。

在父母和老师的严格要求下，俊达的成绩有了很大的进步。但俊达却越来越苦闷，觉得自己整天只是学习，没有一点生活乐趣。这个周末，俊达的小伙伴约他去打篮球。趁父母不注意，他偷偷地溜了出去。很久没有打球了，俊达玩得非常开心，一直以来的郁闷一扫而空。小伙伴们离开后，俊达还一个人在练习投篮，玩得不亦乐乎，丝毫没有察觉到天色已经暗下来。

直到听到父母焦急的喊声传来,俊达才意识到晚饭时间都过了。俊达的爸爸看到他只顾打球非常生气,厉声说道:"你的作业完成了吗?就知道玩!赶紧回去,吃完饭马上写作业!"

俊达耷拉着脑袋,跟着父母回家了。他不明白父母为什么要这样,总是逼迫自己学习,让他连出去玩的时间都没有。

### 专家解读

青春期的男孩比较贪玩,对学习不上心,又有逆反心理,对家长强制要求去做的事情会很抗拒。在学习这件事上,家长的态度越是强硬,效果越不好。他们认为父母逼迫自己学习,取得好成绩,是为了能够在亲戚朋友面前有面子。

著名的教育家赞可夫说过这样一句话:"为了在教学上取得预想的结果,单单指导学生的脑力活动是不够的,还必须在他身上树立起掌握知识的志向,即创造学习的诱因。"因此,家长需要让孩子明白他们为什么要学习,以及他们在为谁学习。

为什么要学习呢?每个人来到这个世界上,都要不断地学习,正所谓"活到老,学到老"。婴儿从呱呱坠地开始,学走路、学说话,这都是在进行学习,并不是只有在学校里上课才叫学习。那么为什么在学校学习时就有了抵触心理呢?这是因为他还没有认识到,学习是为了自己。

19世纪时,成千上万的人拥入圣弗朗西斯科,夜以继日地工作、挖掘,只为从金沙中淘出金子,因为他们知道,淘出来的金子是自己的。学习也是这样,学到的知识、技能,全部都是自己的。况且学习是一个比淘金收益更高的过程,我们学到的知识将为我们开辟一条黄金大道,难道我们不该因此而努力学习吗?

只有让男孩们真正地认识到学习是为了自己,他们才会有更大的动力去学习。青春期正是学习的重要时期,男孩面临升学、高考等人生中的大事。父母催促孩子学习,不只是为了让孩子考个高分,而是想让他们明白,在课堂上的学习是为了自己的未来在努力打拼。

很多男孩认为自己每天上学是为了父母、为了老师,他们在父母、老师的严厉督促下产生了厌学心理,每天愁眉苦脸地去上学,面无表情地下课,满脑子想着下课、放假、休息,总觉得父母是"老板",自己是父母的"童工",而自己每天的工作内容就是"学习",老师是"监管员",这种想法是错误的。著名教育专家林格说:"当你感觉学习是为了别人,是为了满足家长或是老师的要求时,学习的动力就会降低;当你的学习能满足自己的好奇心,能收获美感和满足感,不用被人催促和监督时,这种学习才是最有效的。"

男孩,你要时刻提醒自己,学习是自己的事情,找到适合你的学习方法和技巧,你会收获良多。

### 延伸阅读

#### 自己是在为何而学?

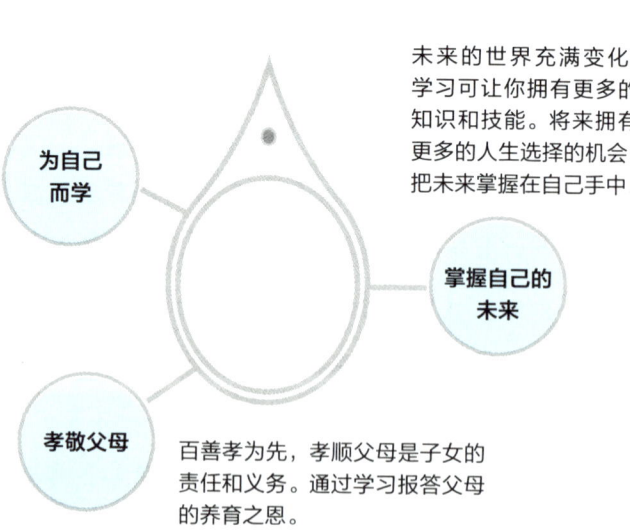

通过学习,让自己成为一个有头脑、有学识、会思考、能决策、懂生活的人。

未来的世界充满变化,学习可让你拥有更多的知识和技能。将来拥有更多的人生选择的机会,把未来掌握在自己手中。

为自己而学

掌握自己的未来

孝敬父母

百善孝为先,孝顺父母是子女的责任和义务。通过学习报答父母的养育之恩。

## 爸爸说给青春期男孩的话

儿子，你千万要记住，学习并不是为了爸妈，而是为了你自己，每个家长都希望自己的孩子学习好，能取得优异的成绩。有时，看到你不好好学习，我会难过、生气，甚至会责骂你，因为做父母的都担心自己的孩子将来无法在社会上立足，所以希望你能明白爸爸的一片苦心。

至于到底为什么要学习，儿子，你知道吗？我们每个人的成长过程都离不开学习，小时候学习基本的生活技能，上学后我们要学习各种文化知识。你可能要问知识有什么用，爸爸可以告诉你，学识可以看出一个人的素养。即使你觉得学习没有任何意义，爸爸也希望你坚持下去，现在所学的知识在将来会成为你人生中不可缺少的宝贵财富。

儿子，学生时代是人生中最美好的时期，希望你能好好珍惜，明白学习的意义，珍惜现在的学习机会，为自己的未来打下坚实的基础，朝着自己的目标一步步努力。

# 不想上学怎么办

**青春期小档案**

| | |
|---|---|
| **姓名** | 田雨辰 |
| **爱好** | 看书、下国际象棋 |
| **特点** | 倔强 |
| **事情** | 无法达到父母的期望,对学习产生畏惧、厌恶的心理 |

## ❋ 想到学习就头痛,怎么办

雨辰从小就在亲友的赞扬声中长大,见过雨辰的长辈都说:"这孩子真聪明,将来一定能考上名校。"父母对雨辰有很高的期望,雨辰自己也很有信心。雨辰从小学一直到初中都是班里的尖子生,但是自从升入初三以来,雨辰突然发现自己变笨了,不再像以前那样能够轻松地理解老师在课堂上讲的内容,做习题时也变得很吃力,这让雨辰很失落。雨辰不敢把这种情况告诉父母,怕父母会失望。为了能够保持自己的成绩,雨辰开始在晚上给自己加任务,学得越来越辛苦。

月考到来,雨辰信心十足地迎接考试。当成绩单下来的时候,雨辰看到他的年级排名下降了很多,脑子顿时一片空白,他在心中不断地问自己:"为什么?我明明已经很努力了,怎么成绩却下降了这么多?怎么向爸妈交代?"整整一天,雨辰都感觉浑浑噩噩。晚上回到家后,雨辰把惨不忍睹的成绩单

递给爸爸，深吸一口气，忐忑不安地准备迎接爸爸的雷霆震怒。

果然，爸爸把成绩单重重地拍在茶几上，妈妈刚要说些什么，爸爸就起身把她拉走了。雨辰呆呆地站在客厅里，听着从阳台那边传过来的爸爸的怒吼："这个成绩还想考什么名校！"妈妈在一旁小声地劝着。

雨辰觉得很委屈，明明自己已经很努力了，可爸爸却只注重结果。雨辰沉默了，比以前更加努力学习，但在下一次的月考中成绩依然没有回升。这对雨辰是个非常大的打击。现在的雨辰自信心全无，认为自己不可能达到父母的期望了。他现在一想到学习就头痛，甚至不想上学了。

### 专家解读

从心理学角度来说，厌学症是指学生消极对待学习活动的行为反应。有调查显示，我国有46%的学生对学习缺乏兴趣，33%的学生对学习表现出明显的厌恶，真正对学习持积极态度的仅有21%。

程度较轻的厌学表现为虽然学习很用心，但成绩总是上不去，并且时常感到学习枯燥，提不起兴趣，主动性极差，不明白的问题也不会主动去问，更不会主动解决。严重厌学的孩子则根本不会把学习放在心上，最后甚至发展为逃学。

另外，很多孩子承受着分数、名次的压力，没有自由，在"书山题海"中拼得筋疲力尽。学习的乏味，父母的期盼，一次次考试的失利，让他们烦恼不已。这些烦恼又会加重心理压力，让他们更加不爱学习。

据调查，青春期男孩产生厌学情绪的原因主要有以下几点：

1.父母的要求过高或过低。有的父母要求过高，采用强硬专制的手段逼迫孩子学习；有的父母对孩子要求过低或放纵孩子，让孩子渐渐失去学习的兴趣和动力。

2.学校的问题。如学业负担过重，学校生活过于紧张，学校的纪律过于严格刻板。

3.教师教学方式、内容的问题。有的中小学仍旧是"填鸭式"的教学方法，根本无法吸引学生。

**延伸阅读**

*不上学都有哪些后果？*

1. **丧失教育机会。** 上学阶段是获取知识的关键期，一旦错过将难以弥补。
2. **知识储备不足。** 不上学意味着将在知识水平上落后于同龄人。
3. **工作受限。** 缺乏必要的学历与技能，将大大减少就业的机会，更难以在职场上获得晋升和发展的机会。
4. **社会适应能力差。** 学校不仅是学习知识的地方，更是培养社会适应能力的重要场所。
5. **经济压力增大。** 不上学意味着经济独立性差，很有可能没有稳定收入，经济上只能依赖父母，导致生活水平下降。

**爸爸说给青春期男孩的话**

儿子，爸爸知道，当跟不上老师的节奏时，你就会产生厌学的情绪；当内心抵触时，你肯定是学不进去的。时间一长，你就会对这门功课更加厌烦，越来越抵触，成绩也就越来越差。

儿子，在学习中，你要学会克服困难，爸爸知道青春期的孩子难以控制好自己的行为，当面对诱惑的时候，容易分心，容易把学习抛之脑后。但爸爸希望你能对学习产生兴趣，对不喜欢的科目多些耐心，要学会重新认识它，这样你就会觉得它并没有你想的那么枯燥无味。

儿子，爸爸希望你在青春美好的年纪做你该做的事，不要一味纵容自己。

# 这个老师的课我不想听

**青春期小档案**

| | |
|---|---|
| **姓名** | 陈乐正 |
| **爱好** | 做手工、打篮球 |
| **特点** | 倔强、好胜 |
| **事情** | 因为在数学课上被批评而不喜欢数学老师,不想上数学课 |

## 老师惩罚我

乐正的数学成绩不是很好,并不是因为他对数学这门课没有兴趣,而是因为他对数学老师有意见。原来教数学的李老师教学方式新颖,很受同学们欢迎,乐正跟李老师的关系也很好,可是今年一开学李老师就被调走了。新来教数学的肖老师虽然能力很强,但不苟言笑,整天板着一张脸,很多同学都不喜欢他。

有一次,乐正上课迟到了,被肖老师批评了。此后,乐正觉得肖老师有意针对他,比如,上课时故意找乐正回答一些很难的问题,答不上来就罚站。之前,乐正在校园里遇到老师,都会礼貌地和老师打招呼,但有一次跟肖老师打招呼时,他没有回应。乐正认为肖老师记仇,故意不理他,让他很难堪,他暗自发誓,今后再也不理肖老师了。

从这以后，每次上数学课时，乐正都觉得很烦，总觉得肖老师看他的眼神是在暗示他什么。就这样，乐正对肖老师的成见越来越深，有时故意在课堂上插话，打断肖老师讲课的节奏。渐渐地，他的数学成绩越来越差……

### 专家解读

每个老师都有自己独特的教学方法和风格。像乐正这样因为不喜欢某个老师而不听课导致自己成绩下降的行为，实在是太鲁莽了。另外，作为老师，并不会真的针对谁，许多时候，出现误会只是因为相互之间缺少沟通。

人们常说，老师是人生道路上的指明灯，既给学生指出正确的方向，又带领学生前进。当老师惩罚你时，并不是真的与你作对，而是想帮助你提升。

总之，千万不要因为一件小事而放弃自己的学习。学习一门课程不是为了某位老师，而是为了我们自己，是为了丰富自己的知识，提高自己的能力。

**爸爸说给青春期男孩的话**

儿子，爸爸知道，学生与哪位老师关系比较融洽，就会喜欢上他的课，这门功课的成绩就好。

虽然有时候因为某些原因，你会对有的老师产生抵触情绪，甚至不愿意上这位老师的课，但是爸爸希望你好好地想一想，因为与老师关系不和谐就放弃一门学科的学习，是否值得？

如果与老师之间真的发生了什么问题，爸爸希望你及时跟老师沟通，不要任由问题发展，从而影响学习成绩。

# 大考失利让我信心全无

青春期小档案

**姓名**　　屈明敬

**爱好**　　听音乐、看漫画

**特点**　　悲观、保守

**事情**　　在最近的一次模拟考试中失利

## ❋ 考成这样，我是不是没有希望了

这是全年级组织的一次模拟考试，这次考试非常重要，是请重点高中的教师出的考卷，可以说这次的考试成绩对将来的中考甚至升学有很高的参考价值。班主任让大家一定要好好准备，发挥出自己的真实水平。明敬非常期待，想看看自己到底是什么水平。

日子一天天过去，大考的日子马上到来。明敬做了很多准备，打算在这次大考中一显身手，让自己的年级排名可以提升一些。可当语文试卷发下来时，明敬蒙了，他发现自己准备的知识大多数都用不上，能够确保拿分的题目不多，虽然最终将试卷答满了，但明敬知道语文这一科算是完了。语文考试的失利影响了明敬接下来的发挥。所有的考试结束之后，明敬知道，这回的成绩肯定惨不忍睹。

果然，成绩出来后，明敬的排名落到了班级的中游，这让明敬倍感沮丧，认为自己没希望考入重点高中,辜负了父母的期望。

### 专家解读

青春期的孩子非常敏感,自尊心很强,面对挫折时更容易受到打击。在面对同学、父母、老师时,考试失利的孩子会感到别人看自己的目光和平时是不一样的,总觉得别人看不起自己。不理想的成绩使自己感到懊悔、无助,同时又有一种强大的压抑感。

其实考试是学校正常的教学活动。即使是在很重要的考试中失利了,也不要丧失信心。对于青春期的孩子来说,自信比成功更重要。对考试失利要有一个清醒的认识,每个人都有失利的时候,这是偶然并不是必然。明敬的问题在于事先没有对这次考试进行深入了解,而是认为只要准备就一定能考出一个好成绩,所以当成绩出来后,巨大的落差让明敬接受不了。

生活中经受一些挫折、失利,并不完全是坏事,挫折可以磨砺人的意志,提高扭转逆境、克服困难、适应社会的能力。古人所说的"多难兴才""人激则奋",就是这个道理。

### 延伸阅读

**如何应对大考失利?**

孩子如何应对
1. 自我暗示、自我激励。
2. 知足常乐。
3. 化挫折为动力。

家长如何应对
1. 对于已经有自责心理的孩子,家长要给予安慰。
2. 帮助孩子分析考试失利的原因,并将问题一一解决。

> **爸爸说给青春期男孩的话**

儿子，如果你考试失利了，爸爸希望你不要因此丧失信心，人总要经历一些挫折才能成长，更何况一次考试失利并不能完全否定你这一阶段的学习成果，考完了就过去了，不要再纠结这些事情。千万不要给自己过多的心理压力，一次考试失利而已，没什么大不了的，接下来反思总结一下，好好学习，下次考好就是了。

当然，对于考试失利的原因，你应该有一个详细的分析，避免在以后的考试中因为这些问题再次丢分。最重要的是，你一定要及时调整自己的心态，不要让一次考试失利影响了你以后的学习状态。每个人都会遇到挫折，只要你及时调整心态，正确应对挫折，相信你会获得成功。

青蓝